現代佛學叢書

淨土概論

傅偉勳・楊惠南主編／

釋慧嚴 著

東大圖書公司

國家圖書館出版品預行編目資料

淨土概論／釋慧嚴著. -- 初版. -- 臺北
市：東大，民87
　　　面；　　公分. -- (現代佛學叢書)
ISBN 957-19-1592-0 (精裝)
ISBN 957-19-1593-9 (平裝)

1.淨土宗-宗典及其釋

226.52　　　　　　　　　　87000398

網際網路位址　http://sanmin.com.tw

© 淨　土　概　論

著作人　釋慧嚴
發行人　劉仲文
著作財
產權人　東大圖書股份有限公司
　　　　臺北市復興北路三八六號
發行所　東大圖書股份有限公司
　　　　地　址／臺北市復興北路三八六號
　　　　電　話／二五〇〇六六〇〇
　　　　郵　撥／〇一〇七一七五——〇號
印刷所　東大圖書股份有限公司
總經銷　三民書局股份有限公司
門市部　復北店／臺北市復興北路三八六號
　　　　重南店／臺北市重慶南路一段六十一號
初　版　中華民國八十七年四月
編　號　E 22054
基本定價　貳元肆角
行政院新聞局登記證局版臺業字第〇一九七號

ISBN 957-19-1593-9 (平裝)

《現代佛學叢書》總序

　　本叢書因東大圖書公司董事長劉振強先生授意，由偉勳與惠南共同主編，負責策劃、邀稿與審訂。我們的籌劃旨趣，是在現代化佛教啟蒙教育的推進、佛教知識的普及化，以及現代化佛學研究水平的逐步提高。本叢書所收各書，可供一般讀者、佛教信徒、大小寺院、佛教研究所，以及各地學術機構與圖書館兼具可讀性與啟蒙性的基本佛學閱讀材料。

　　本叢書分為兩大類。第一類包括佛經入門、佛教常識、現代佛教、古今重要佛教人物等項，乃係專為一般讀者與佛教信徒設計的普及性啟蒙用書，內容力求平易而有風趣，並以淺顯通順的現代白話文體表達。第二類較具學術性分量，除一般讀者之外亦可提供各地學術機構或佛教研究所適宜有益的現代式佛學教材。計畫中的第二類用書，包括(1)經論研究或現代譯注，(2)專題、專論、專科研究，(3)

佛教語文研究，(4) 歷史研究，(5) 外國佛學名著譯
介，(6)外國佛學研究論著評介，(7)學術會議論文彙
編等項，需有長時間逐步進行，配合普及性啟蒙教
育的推廣工作。我們衷心盼望，關注現代化佛學研
究與中國佛教未來發展的讀者與學者共同支持並協
助本叢書的完成。

傅偉勳　楊惠南

自　序

　　諸淨土中的彌陀淨土信仰，在明末清初時，與放生、素食主義，就合成一種信仰的形態，且為中國江南佛教的代表。而如此的信仰形態，傳入臺灣之後，就存續到今天。在十五年前，筆者對如此的信仰是源自何處，就一直抱著高度的興趣，在這些歲月裡，先後以日文、漢文發表了如下相關的論文：〈計數念佛思想的探原〉、〈煮雲上人精進佛七源流之探討〉、〈戒殺放生と仁の思想〉、〈無量壽經糅合本の一研究㈠──王日休の「大阿彌陀經」をめぐって〉、〈無量壽經糅合本の一研究㈡──彭際清の「無量壽經起信論」について〉、〈今文學家龔自珍と魏源の佛教信仰〉、〈彭際清與戴震的儒佛論辯〉、〈淨土思想庶民化的影響〉、〈從彌陀淨土信仰的漢化到淨土宗的成立〉。

　　以上諸文現收錄於拙作《慧嚴佛學論文集》中，根據這些論文，可以了解彌陀淨土思想，於西元二世紀後，隨著般若經論及淨土三經的東傳，就陸續

傳入長安、洛陽，之後逐漸被漢化的過程。在歷經
曇鸞、道綽、善導三大師，終於在七世紀形成了彌
陀淨土的信仰，且在形勢上凌駕了彌勒淨土的信仰，
成為漢民族的宗教信仰主流之一，「家家彌陀佛、
戶戶觀世音」就是最好的說明。事實上，在中國佛
教界無論宗派屬向為何，乃至於一般人縱使平常不
太有信仰心，也都在臨終時指歸極樂，看來彌陀淨
土的信仰，是屬於來世利益的信仰，是人類最理想
的歸宿地。但現前我們看到的阿彌陀淨土信仰中，
持名念佛、念佛滅罪、懺悔滅罪、臨終助念的信仰
非常濃厚，以上可說是屬於現世利益的信仰，如此
將來世、現世二種利益結合在一起的，不用說是善
導大師。善導大師為彌陀淨土教所作的，除此之外，
尚有與宗教儀式相關的著作。其中，以誦《彌陀經》
為中心，引聲念佛、散花繞佛、唱誦拜佛，是日後
佛七的模式，直至今日臺灣佛教界打佛七，仍然大
部份沿用此種模式。因此，該拙作是以善導系統為
中心來作敘述，目的是要我們信奉彌陀淨土教者，
了解自己信仰的歷史真相。

一九九八年二月十一日于鳳山

淨土概論

目　次

下篇　教史——中國彌陀淨土教的形成

導　言

　　在當今臺灣佛教界的信仰，甚至於一般人的認識，幾乎是把阿彌陀佛的極樂世界與淨土畫上等號，也就是說一談到淨土就想到它是極樂世界，變成淨土就是極樂世界的代名詞，甚至可說是專有名詞。而實際上，如此的認識，是有違其原義的。我們知道，如果淨土是當作「清淨的國土」來理解的話，則是指的某佛或某菩薩所教化的國土。在大乘佛教裡十方世界均有佛菩薩教化的國土，也就是淨土的存在。如藥師琉璃光如來的藥師淨土、阿閦佛的妙喜世界、彌勒菩薩的兜率淨土等，由此可見淨土並不是專指極樂世界而言。但是在臺灣佛教界裡，所持有的如此認識，是特有的嗎？或是有它的歷史傳承？為解開如此的疑題，拙作題為《淨土概論》，企劃以彌陀淨土的教理、及其教史為主來作介紹。

上篇

教　理

第一章 淨土的原義

　　據學者的研究，在諸多漢譯「淨土」的經典中，其根據的梵語常是不同的。如鳩摩羅什譯《妙法蓮華經》卷五〈如來壽量品〉第十六中的「我淨土不毀」（大正九、四三、c）的梵文原語是Kṣetra，其意是國土、剎土，是名詞的詞性，而該經卷四「五百弟子受記品」第八偈頌中「當得斯淨土」（大正九、二八、b）的梵語是Kṣetravara，意思是殊勝的國土，也就是清淨的國土，其中含有形容詞的意思❶。引印順法師《淨土與禪》中所說的「淨，也即能表達真善美的統一」「是佛法的核心」（頁3）。佛法要我們有正見、正思惟，即是要遠離錯誤的認識，這就是真；要有正語、正業、正命，就是在日常生活中遠離諸惡行為，以達諸善；因此正精進、以入正定、啟正慧，就能遠離諸垢清淨身心這就是美。佛法中

----

❶　參照藤田宏達氏《原始淨土思想の研究》頁507，岩波書店，一九八六、十一、七，初版第五刷。

所說的清淨，實質上包含了眾生的清淨，及世界的清淨。前者也就是指人類自身的清淨，以佛教術語來說是屬於正報的清淨，如《阿含經》中云：「心清淨故，眾生清淨」；後者是指人類所依存環境的清淨，也就是依報的清淨，如《維摩詰經》云：「心淨則國土淨」。而如何使「國土淨」？也就是如何使眾生依存的空間、世界清淨呢？那就是要修四攝、六度等福德，也就是要「成就眾生，莊嚴淨土」，這也是諸佛菩薩的使命。如《無量壽經》卷上云：「唯願世尊！廣為敷演諸佛如來淨土之行」（大正一二、二六七、b）；「我當修行攝取佛國，清淨莊嚴無量妙土」（同上）；「如所修行、莊嚴佛土」（同上）及「嚴淨佛土」（大正一二、二六七、c）。此中「諸佛如來淨土之行」也就是接著說的「清淨莊嚴無量妙土」、「如所修行、莊嚴佛土」及「嚴淨佛土」，如此的「清淨莊嚴」，可就不是作形容詞之用，而是具有動詞的作用，因此它應是闡釋《大智度論》中所說的「淨佛國土」中的「淨」最好的註腳。

　　《大智度論》卷九二云：
　　問曰：何等是淨佛國土？

答曰：佛土者百億日月，百億須彌山，百億
四天王諸天，是名三千大千世界，如是等無
量無邊三千大千世界名為一佛土。佛於此中
施作佛事，佛常晝三時夜三時；以佛眼遍觀
眾生誰可種善根，誰善根成就應增長，誰善
根成就應得度。見是己，以神通力隨所見教
化眾生。……是故，諸菩薩莊嚴佛土，為令
眾生易度，故國土中無所乏少。無我心故，
則不生慳貪瞋恚等煩惱。有佛國土一切樹木
常出諸法實相音聲，所謂無生無滅無起無作
等，眾生但聞是妙音，不聞異聲，眾生利根
故便得諸法實相，如是等佛土莊嚴，名為淨
佛土，如阿彌陀等諸經中說（大正二五、七
○八、b、c）。

　　由此可知「淨土」又有「淨佛國土」的意義，
而「淨佛國土」就是清淨莊嚴國土的意思，詞性是
屬動詞。在梵文表達「淨佛國土」之意的，大乘經
典中如《般若經》、《法華經》及《華嚴經》等，隨
處可見，其所用的語言有 Buddhakṣetra-pariśuddhi；
Buddhakṣetra-pariśodhana；Kṣetraṃ-pariśodhayati；

Kṣetraṃ viśodhayati等 ❷ 。

「淨佛國土」，是大乘佛教「般若中觀」思想的
一環，是基於諸佛菩薩為成就眾生而建設自己，為
成就眾生而以四攝六度等清淨莊嚴自己教化的國
土，也就是「發菩提心」的理念而來。所謂「發菩
提心」，即是「發心」，其意義是興起求道之念；或
是發進入佛道，欲得證悟的智慧的志向。由此志向，
進而修四攝：布施（施捨）、愛語（親切的言語）、
利行（以身口意的善行利益人群）、同事（置身於對
方的立場）及六度：布施、持戒、忍辱、精進、禪
定、智慧，以建設自己成就他人。而為成就他人，
也就是上文所說:「諸菩薩莊嚴佛土,為令眾生易度」
的緣故，莊嚴建設自己教化的國土，使在此國土生
存的眾生，衣食等一切均能滿足自己的所需，各得
所適。所依存的環境，山河大地草木叢林盡出諸法
實相之音聲,此實相音聲即是無生無滅(不生不滅)、
無起無作（即無願三昧，也就是入空、無相、無願
三解脫門、三摩地），聞者但聞妙音不聞異聲，就是
各各皆能入三解脫門生起念佛念法念僧之正念，趣
向正道，這就是淨佛國土的思想。詳細思考如此的

❷　藤田氏前揭書頁509。

思想，再看《摩訶般若波羅蜜經》卷二六中所云：

> 須菩提白佛言：世尊云何菩薩摩訶薩淨佛國
> 土？
> 佛言：有菩薩從初發意以來，自除身麤業除
> 口麤業除意麤業，亦淨他人身口意麤業。
> 世尊！何等是菩薩摩訶薩身麤業口麤業意麤
> 業？
> 佛告須菩提！不善業若殺生乃至邪見，是名
> 菩薩摩訶薩身口意麤業。復次須菩提！慳貪
> 心破戒心瞋心懈怠心亂心愚痴心，是名菩薩
> 意麤業。復次戒不淨，是名菩薩身口麤業。
> 復次須菩提！若菩薩遠離四念處行，是名菩
> 薩麤業。遠離四正勤、四如意足、五根、五
> 力、七覺分、八聖道分、空三昧無相無作三
> 昧，亦名菩薩麤業。……自布施亦教他人布
> 施，須食與食，須衣與衣，乃至種種資生所
> 須盡給與之，亦教他人種種布施，持是福德
> 與一切眾生共之，迴向淨佛國土故，持戒忍
> 辱精進禪定智慧亦如是。是菩薩摩訶薩或以
> 三千大千國土滿中珍寶施與三尊，作是願

言：我以善根因緣，故令我國土皆以七寶成。

復次須菩提！菩薩摩訶薩以天妓樂，樂佛及塔，作是願言：以是善根因緣，令我國土中常聞天樂。復次須菩提！菩薩摩訶薩以三千大千國土滿中天香，供養諸佛及諸佛塔，作是願言：以是善根因緣，令我國土中常有天香。復次須菩提！菩薩摩訶薩以百味食，施佛及僧，作是願言：以是善根因緣故，令我國土中眾生皆得百味食。復次須菩提！菩薩摩訶薩以天香細滑，施佛及僧，作是願言：以善根因緣故，令我國土中一切眾生受天香細滑。……如是須菩提！菩薩摩訶薩能淨佛國土，是菩薩隨爾所時，行菩薩道，滿足諸願，是菩薩自成就一切善法，亦成就一切眾生善法。是菩薩受身端正，所化眾生亦得端正，所以者何？福德因緣厚故。須菩提！菩薩摩訶薩應如是淨佛國土。是國土中乃至無三惡道之名，亦無邪見三毒二乘聲聞辟支佛之名，耳不聞有無常苦空之聲，亦無我所有，乃至無諸結使煩惱之名，亦無分別諸果之名。風吹七寶之樹，隨所應度而出音聲，所

謂空，無相，無作，如諸法實相之音。有佛
無佛，一切法相一切法相空，空中無有相，
無相中則無可作出。如是法音，若晝若夜若
坐若臥若立若行常聞此法，是菩薩得阿耨多
羅三藐三菩提時，十方國土中諸佛讚歎，眾
生聞是佛名，必至阿耨多羅三藐三菩提。❸

　　將上文與前《大智度論》卷九二「淨佛國土」
相對照看的話，不難發現其教義雷同之處。如前揭
《大智度論》中所說的「是故，諸菩薩莊嚴佛土，
為令眾生易度，故國土中無所乏少。無我心故，則
不生慳貪瞋恚等煩惱。有佛國土一切樹木常出諸法
實相音聲，所謂無生無滅無起無作等，眾生但聞是
妙音，不聞異聲，眾生利根故便得諸法實相，如是

❸ 大正八、四〇八、b—四〇九、a。

　　此異譯本有《放光般若經》卷一九（大正八、一三
　　六、a、b），《大般若波羅蜜多經》卷四七六（大正
　　七、四一一、c—四一四、c），又卷三九三—三九四
　　（大正六、一〇三五、b—一〇三八、c），卷五三
　　五—五三六（大正七、七四九、c—七五一、b）。以
　　上係參考藤田氏前揭書頁515。

等佛土莊嚴，名為淨佛土，如阿彌陀等諸經中說」
與上舉經文中「菩薩摩訶薩應如是淨佛國土，是國
土中乃至無三惡道之名，亦無邪見三毒二乘聲聞辟
支佛之名，耳不聞有無常苦空之聲，亦無我所有，
乃至無諸結使煩惱之名，亦無分別諸果之名。風吹
七寶之樹，隨所應度而出音聲，所謂空無相無作，
如諸法實相之音。有佛無佛，一切法相一切法相空，
空中無有相，無相中則無可作出。如是法音，若晝
若夜若坐若臥若立若行常聞此法，是菩薩得阿耨多
羅三藐三菩提時，十方國土中諸佛讚歎，眾生聞是
佛名，必至阿耨多羅三藐三菩提」的教義，即可明
白。而如此的教義，在《無量壽經》中也處處可見，
在此將有關的經文，摘錄於下：

其佛國土自然七寶……又其國土七寶諸樹
周滿世界……清風時發出五音聲，微妙宮商
自然相合。又無量壽佛其道場樹高四百萬
里，其本周圍五千由旬，枝葉四布二十萬里，
一切眾寶自然合成……珍妙寶網羅覆其
上，一切莊嚴隨應而現，微風吹動，出妙法
音，普流十方一切佛國，其聞音得深法忍，

住不退轉至成佛道，不遭苦患。目睹其色，耳聞其音，鼻知其香，舌嘗其味，身觸其光，心以法緣一切，皆得甚深法忍，住不退轉至成佛道（大正一二、二七〇、a一二七一、a）。

第六天上萬種樂音，不如無量壽國諸七寶樹一種音聲，千億倍也。亦有自然萬種伎樂，又其樂聲無非法音，清暢哀亮微妙和雅，十方世界音聲之中最為第一（大正一二、二七一、a）。

稱其所聞歡喜無量，隨順清淨離欲寂滅真實之義，隨順三寶力無所畏不共之法，隨順通慧菩薩聲聞所行之道，無有三塗苦難之名，但有自然快樂之音，是故其國名曰極樂。阿難！彼佛國土諸往生者，具足如是清淨色身，諸妙音聲神通功德，所處宮殿衣服飲食，眾妙華香莊嚴之具，猶第六天自然之物。若欲食時，七寶應器自然在前……百味飲食自然盈滿。……顏貌端正超世希有，容色微妙非天非人，皆受自然虛無之身，無極之體（大正一二、二七一、b、c）。

又《阿彌陀經》中也云：

> 復次舍利弗彼國常有種種奇妙雜色之鳥，白
> 鶴孔雀鸚鵡舍利迦陵頻伽共命之鳥。是諸眾
> 鳥，晝夜六時出和雅音，其音演暢，五根五
> 力七菩提分八聖道分如是等法，其土眾生聞
> 是音已，皆悉念佛念法念僧。舍利弗！汝勿
> 謂此鳥實是罪報所生，所以者何？彼佛國土
> 無三惡趣。舍利弗！其佛國土尚無三惡道之
> 名，何況有實，是諸眾鳥皆是阿彌陀佛，欲
> 令法音宣流，變化所作。舍利弗！彼佛國土
> 微風吹動，諸寶行樹及寶羅網，出微妙音，
> 譬如百千種樂，同時俱作，聞是音者，皆自
> 然生念佛念法念僧之心，舍利弗！其佛國土
> 成就如是功德莊嚴（大正一二、三四七、
> a)。

如以上諸文所示，極樂世界的莊嚴，表達了淨
佛國土的理想，換句話說，極樂淨土的觀念，是以
淨佛國土思想為背景而成立❹，同時也說明了淨土

---

❹ 藤田氏前揭書頁515。

信仰，來自般若的思想。

又由於《放光般若經》卷一六云：

> 已增益功德者便行檀波羅蜜，教化眾生淨佛
> 國土，亦不自受其報，但欲益於眾生所作不
> 受其報，行檀波羅蜜但欲度脫一切眾生（大
> 正八、一一七、a）。

卷一七亦云：

> 為行尸波羅蜜，教化眾生淨佛國土（大正八、
> 一一七、b）。

又《光讚般若經》卷二亦云：

> 開士大士行六度無極，自化身心猶如佛像，
> 度於東方江河沙等佛土，為諸眾生說說經
> 法，稽首如來淨其佛土，其聞經者悉發道意，
> 如是之比普至十方諸佛世界，觀諸佛國，攝
> 取上土自淨國土（大正八、一五七、a）。

　　由以上諸文可以了解「淨佛國土」，是大品般若系經典中重要的思想，而此思想，是諸佛菩薩所共有的。如同前述，諸佛菩薩不是以完成自己為目的，而是在於利益眾生，也就是說為了成就眾生，而莊嚴清淨能使眾生安住的世界。因此之故，諸佛菩薩在多生多劫因地修行時，修持四攝六波羅蜜，是為了教化眾生，度脫一切眾生，絕不是為了自己想要得到應有的報酬。又因諸佛菩薩是複數的存在，故莊嚴清淨和祥的世界，即清淨的國土，亦是複數不是單一的。就以東方來說，有大家所熟悉的藥師如來的東方淨琉璃世界及於文獻中最早出現的淨土即阿閦佛的妙喜世界。又如《阿彌陀經》的東方，就有：阿閦鞞佛、須彌相佛、大須彌佛、須彌光佛、妙音佛等來看，可見清淨的國土，也就是鳩摩羅什譯《維摩詰所說經》卷上中所云：「菩薩取於淨國，皆為饒益諸眾生故」（大正一四、五三八、a）的「淨國」，及「菩薩如是為成就眾生故願取佛國」（同上）的「佛國 Kṣetravora；kṣetra，是十方世界均有，故淨土原本不是極樂國或安樂國專有的相等詞。但是在曇鸞（西元四七六一五四二年）、道綽（西元五六二一六四五年）及善導（西元六一三一六八一年）

等的著作中，卻已出現「以淨土替代安樂國、或極
樂世界」的現象。

第二章　淨土與極樂世界

　　曇鸞在《往生論註》中，將世親造、菩提流支
譯《往生論》（《無量壽經優婆提舍》之別名）中的
「安樂世界」、「安樂國土」（大正二六、二三一、
b），改為「安樂淨土」、「清淨土」、「淨土」（大正
四〇、八二六、a—八四四、b）。此外，《略論安樂
淨土義》中，他對淨土下了如下的定義：

　　　安樂國土具足如是等二十九種功德成就，故
　　　名淨土（大正四七、一、a）。

　　在他之後的道綽，在他四十八歲（大業五年即
西元六〇九年）時，因造訪曇鸞所居的石璧山玄中
寺，看到曇鸞的碑文，深受感動而歸信彌陀淨土❶。
他在《安樂集》中，只要是極樂世界的事，一律以

――――――――――――
　❶　《續高僧傳・卷二〇・釋道綽》（大正五〇、五九
　　　三、c—五九四、a）。

「淨土」代之，且明示「淨土法門」一語。於此，舉如下一例證之：

> 第六《無量清淨覺經》云：善男子善女人聞說淨土法門心生悲喜，身毛為豎如拔出者，當知此人過去宿命已作佛道也。若復有人聞開淨土法門都不生信者，當知此人始從三惡道來，殃咎未盡，為此無信向耳。我說此人未可得解脫也（大正四七、四、c—五、a）。

而與此段文字非常類似的經文，也出現在善導著《觀無量壽佛經疏》（以下略稱《觀疏》）中，今摘錄於下：

> 若不樂信行者，如《清淨覺經》云：若有人聞說淨土法門，聞如不聞，見如不見，當知此等始從三惡道來，罪障未盡，為此無信向耳。佛言：我說此人未可得解脫也。此經又云：若人聞說淨土法門，聞即悲喜交流身毛為豎者，當知此人過去已曾修習此法，今得重聞，即生歡喜，正念修行必得生也（大正

三七、二六四、a)。

如上兩文中《無量清淨覺經》或者是《清淨覺經》，都是指《無量清淨平等覺經》，它是《無量壽經》五存七佚中的五存之一，《大正藏》裡是作後漢支婁迦讖翻譯的。遍觀此譯本，決無「淨土法門」一語，有的是「無量清淨佛」、「無量清淨佛國土」。關於這點，我們如將《無量清淨平等覺經》中，與此相當的部份對照看的話，可以以此證明道綽、善導將「淨土」與「無量清淨佛國」作相等詞。在此將《無量清淨平等覺經》的相關經文，摘錄如下：

佛言：其有善男子善女人，聞無量清淨佛聲，慈心歡喜，一時踊躍，心意清淨，衣毛為起拔出者，皆前世宿命作佛道，若他方佛故。菩薩非凡人，其有人民男子女人，聞無量清淨佛聲，不信有佛者，不信佛經語，不信有比丘僧，心中狐疑，都無所信者，皆故從惡道中來，生愚蒙不解宿命，殃惡未盡，未當得度脫故，心中狐疑不信向耳（大正一二、二九九、b、c）。

一看此文，可以知道道綽、善導所引用的文句，已經將原文修飾過，尤其是善導的，更是將原文的秩序作了調整。同時也可證實「淨土」一詞，在歷經曇鸞、道綽、善導的時代時，已經定著於漢傳佛教。如此，將淨土與極樂世界畫上等號的認識，明顯地是將淨土的「淨」字作形容詞解，與淨佛國土的「淨」，也就是動詞的「淨」，在詞性上是不同的。另一方面，因前者的關係，在後世一談到淨土，就直接認定它是指阿彌陀佛極樂世界而言，故此書所標示的淨土，是專指彌陀淨土。

第三章　阿彌陀佛與極樂世界

　　談到阿彌陀佛的淨土，它的名稱，有極樂世界和安樂國二種，而它的位置是在我們現存這個世界的西方，距離我們有十萬億佛土遠的地方。這是根據《無量壽經》及《阿彌陀經》的說法而來的。今將相關經文列述於下。

　　《無量壽經》卷上云：
　　法藏菩薩今已成佛，現在西方，去此十萬億
　　剎，其佛世界名曰安樂，成佛已來凡歷十劫
　　（大正一二、二七○、a）。
　　《阿彌陀經》云：
　　從是西方過十萬億佛土，有世界名曰極樂，
　　其土有佛號阿彌陀，今現在說法。……彼佛
　　何故號阿彌陀？舍利弗！彼佛光明無量，照
　　十方國無所障礙，是故號為阿彌陀。又舍利
　　弗！彼佛壽命及其人民無量無邊阿僧祇劫，

故名阿彌陀。舍利弗！阿彌陀佛成佛已來於
今十劫（大正一二、三四六、c──三四七、
a）。

由上二文，我們又可以知道阿彌陀佛成佛已來，
已經有十劫了，而現在還在極樂世界說法，同時也
曉得因為他具有無量光明及無量壽命的雙重含義，
故稱之為阿彌陀。《無量壽經》中亦解釋說：

無量壽佛威神光明最尊第一，諸佛光明所不
能及……是故無量壽佛，號無量光佛、無邊
光佛、無礙光佛、無對光佛、炎王光佛、清
淨光佛、歡喜光佛、智慧光佛、不斷光佛、
難思光佛、無稱光佛、超日月光佛（大正一
二、二七〇、a、b）。

又云：

佛語阿難：無量壽佛，壽命長久不可稱計。
汝寧知乎？假使十方世界無量眾生皆得人
身，悉令成就聲聞、緣覺都共集會，禪思一

心，竭其智力，於百千萬劫，悉共推算，計
其壽命長遠劫數，不能窮盡知其限極。聲聞
菩薩天人之眾，壽命長短亦復如是，非算數
譬喻所能知也（大正一二、二七〇、b）。

無量光的梵語是Amitābhaya，音譯是阿彌陀婆
耶，至於無量壽佛則是Amitāyus，音譯是阿彌陀庾
斯，但一般都僅略稱Amitā無量佛，即阿彌陀而已。
阿彌陀佛成佛已來至今已有十劫的時間了，且現在
還在說法。但阿彌陀佛的修道過程是如何呢？據《無
量壽經》說：在包含燃燈佛即錠光佛在內的五十三
佛的前世自在王佛（世饒王佛、世間自在王佛）時，
有一國王聞世自在王佛說法之後，心懷悅豫，就發
無上菩提心，捨棄國王之王位而出家作沙門，名叫
法藏。後又到世自在王所參詣，稽首佛足，右遶三
匝，長跪合掌，以偈讚佛。之後白世自在王佛言：
「我發無上正覺之心，願佛為我廣宣經法，我當修
行攝取佛國清淨莊嚴無量妙土，令我於世速成正覺，
拔諸生死勤苦之本。」時世自在王佛即為法藏比丘而
說，經言：「譬如大海一人斗量，經歷劫數，尚可窮
底，得其妙寶。人有至心精進，求道不止，會當剋

果,何願不得?」於是即為廣說二百一十億諸佛剎土、天人之善惡國土之粗妙。回應其心願,悉皆現其眼前令覩之。時法藏比丘聞佛所說嚴淨佛土,皆悉覩見,超發無上殊勝之願。其心寂靜,志無所著,一切世間無能及者。之後以五劫的歲月,思惟攝取莊嚴佛國清淨之行。如是思惟完畢,再詣世自在王佛所(世自在王佛壽命四十二劫),稽首禮足,遶佛三匝合掌而住,白世自在王佛言:「我已攝取莊嚴佛土清淨之行。」世自在王佛告法藏比丘言:「汝今可說,宜知是時……。」時法藏比丘將自己所發的四十八本願向世自在王佛稟告。在法藏比丘於世自在王佛所、諸天魔梵、龍神八部大眾之中,發此大願已,就一向專志,於不可思議兆載永劫中,積殖菩薩無量德行。或為長者居士(吠舍階級,如今工商企業家)、豪姓尊貴家(王公貴族)、或為剎利國君、轉輪聖帝(剎帝利階級,即王族之類)、或為六欲天主(欲界六天:四王天、忉利天、夜摩天、兜率陀天、化樂天、他化自在天)、乃至梵王(色界初禪大梵天)等的身份,修四攝六度,莊嚴妙土。如《法華經》中云:

大通智勝如來時十大王子出家，第九王子於
西方成佛，彼王子今阿彌陀佛是也。

又《悲華經》云：

無量劫時有轉輪王名無諍念，於西方世界作
佛，國名安樂，彼國王今阿彌陀佛是也。

還有《大方等總持經》云：

無垢焰稱起王如來時，有淨命比丘，總持諸
經十四億部，隨眾生願樂廣為說法，彼比丘
今阿彌陀佛是也。

《賢劫經》云：

雲雷吼如來時有王子，名淨福報眾音，供養
彼佛，彼王子今阿彌陀佛是也。

又云：

金龍決光佛時有法師，名無限量寶音行，力
弘經法，彼法師今阿彌陀佛是也。

《觀佛三昧經》第九云：

寶王佛時有四比丘，得念佛三昧，彼第三比
丘今阿彌陀佛。

及《一向出生菩薩經》亦云：

阿彌陀佛昔是太子時，聞此微妙法門而奉持
精進，彼太子今阿彌陀佛是也。

除了以上蓮池袾宏於《阿彌陀經疏鈔》卷三，所引
的八種經典之外，尚有《寶積經》護國菩薩會亦云：

過去成利惠如來出世時有王，名焰意王，有
太子名福焰，歸佛修道，其王是無量壽如來。

《觀察諸法行經》也云：

過去無量辯才瓔珞莊嚴雲鳴出吼顯音如來時，有王子名福報清淨，勤修三昧，其王子即無量壽如來。

《佛說賴吒和羅所問德光太子經》中亦云：

過去義吉如來時有國王，名額真無，王有太子名德光，不樂五欲，歸佛修道，其時太子無量壽如來也。

及《大法炬陀羅尼經》第十七云：

過去山上如來滅後，明相菩薩於此三千大千世界普建舍利寶塔，彼時菩薩無量壽如來也。

如此阿彌陀佛於因地修行，歷經無法計數的歲月，時現菩薩身、或現聲聞比丘身、或現國王太子等王公貴族身來勤修道業，為渡化眾生而建設莊嚴佛國土。所建設的佛國土，是開廓廣大，超勝獨妙，建立常然，無衰無變。其國土的依報莊嚴，即其世

界的美妙，是常然有序，平坦整齊，潔淨富麗。首先我們來看極樂國土園林、建築、音樂的美,《阿彌陀經》說：

> 七重欄楯、七重羅網、七重行樹皆是四寶周匝圍繞。
>
> 微風吹動，諸寶行樹及寶羅網，出微妙音，譬如百千種樂同時俱作，聞是音者，自然皆生念佛念法念僧之心（大正一二、三四六、c）。

在《無量壽經》更有較詳細的介紹，現將有關經文列舉於下：

> 又其國土，七寶諸樹周滿世界，金樹、銀樹、琉璃樹、頗梨樹、珊瑚樹、瑪瑙樹、車渠樹、或有二寶三寶乃至七寶轉共合成。……行行相值，莖莖相望，枝枝相準，葉葉相順，寶寶相當，榮色光躍不可勝視，清風時發出五音聲，微妙宮商，自然相和。……微風徐動，出妙法音，普流十方一切佛國，其聞音

者得深法忍，住不退轉至成佛道，不遭苦患
（大正一二、二七〇、c—二七一、a）。

以上所言的七寶行樹、諸寶行樹都是在表現園林的
美，行行相值、莖莖相望、枝枝相準、葉葉相順、
實實相當是印度園林美的特色，此特色顯示了平衡
整齊的美，又其樹均由諸寶所成，意在暗示樹林對
生物生存的重要性。又微風徐動出妙法或出微妙音，
聞者皆生念佛念法念僧之心，得甚深法忍。此深法
忍，應當是指音響忍、柔順忍、無生法忍。忍者，
智慧義也。故音響忍，是如樹響，萬象現於此，得
悟其緣生體性空的智慧；柔順忍者，心隨緣，而其
意如流水，水過無痕般地自在；無生法忍者，體悟
事物萬象生而無生，不生不滅，不增不減，不垢不
淨的智慧。

　　園林中，當有池塘，極樂國土的園林，當然除
了有草木叢林之外，其間亦有池塘。《阿彌陀經》描
述說：

　　　有七寶池，八功德水充滿其中，池底純以金
　　　沙布地，四邊階道，金銀琉璃，玻璨合成。

上有樓閣亦以金銀琉璃玻瓈硨磲赤珠瑪瑙
而嚴飾之。池中蓮華，大如車輪，青色青光，
黃色黃光，赤色赤光，白色白光，微妙香潔。
舍利弗！極樂國土，成就如是功德莊嚴（大
正一二、三四六、c—三四七、a）。

又《無量壽經》也敘述說：

又講堂精舍，宮殿樓觀皆七寶莊嚴自然化
成。復以真珠明月摩尼眾寶，以為交露，覆
蓋其上。內外左右有諸浴池，或十由旬，或
二十三十，乃至百千由旬，縱廣深淺各皆一
等。八功德水湛然盈滿，清淨香潔味如甘露。
黃金池者，底白銀沙；白銀池者，底黃金沙；
水精池者，底瑠璃沙；瑠璃池者，底水精沙；
珊瑚池者，底琥珀沙；琥珀池者，底珊瑚沙；
車𤦲池者，底瑪瑙沙；瑪瑙池者，底車𤦲沙；
白玉池者，底紫金沙；紫金池者，底白玉沙；
或二寶三寶，乃至七寶轉共合成。其池岸上
有栴檀樹，華葉垂布香氣普熏，天優鉢羅華
（青蓮華）、鉢曇摩華（紅蓮華）、拘物頭華

（黃蓮華）、分陀利華（白蓮華）雜色光茂，彌覆水上。……清明澄潔，淨若無形，寶沙映徹，無深不照，微瀾迴流，轉相灌注，安詳徐逝，不遲不疾。波揚無量自然妙聲，隨其所應，莫不聞者。或聞佛聲，或聞法聲，或聞僧聲，或寂靜聲，空無我聲、大慈悲聲、波羅蜜聲、或十力無畏不共法聲，諸通慧聲，無所作聲，不起滅聲，無生忍聲，乃至甘露灌頂眾妙法聲，如是等聲，稱其所聞，歡喜無量。隨順清淨離欲寂滅真實之義，隨順三寶力無所畏不共之法，隨順通慧菩薩聲聞所行之道，無有三塗苦難之名，但有自然快樂之音，是故其國名曰極樂（安樂）（大正一二、二七一、a—c）。

如此，極樂國土的池塘，也是浴池，是由七寶，即金、銀、瑠璃、玻璨、硨磲、赤珠、瑪瑙構成。其附近的講堂、精舍、宮殿、樓觀、欄楯（石垣，即石頭牆），也是七寶建造的，它說明了，極樂國土的富麗。其池水是屬於八功德水，而八功德者，是顯示其水質含有澄淨、清冷、甘美、輕輭、潤澤、

安和、除息、養根的八種特質，能令沐浴者開神悅體，蕩除心垢。其旁水池中的蓮華，有青、紅、黃、白四種，均清明澄潔，芳香馥郁。而且水流平穩，其波浪揚起佛法僧之聲、涅槃空無我、布施、持戒、忍辱、精進、禪定、智慧的六波羅蜜及佛獨有的大悲、十力（處非處智力——能分別合道理不合道理的智慧、業異熟智力——能清楚了解是業因或是果報的智慧、靜慮解脫等持等至智力——知道四禪八解脫三三昧八等至等禪定的智慧力、根上下智力——知道根機屬向的智慧力、種種勝解智力——知道眾生的意樂、種種界智力——知道眾生及諸法本性的智慧、遍趣行智力——知道眾生所要去的地方的智慧、宿住隨念智力——能知道自他過去世的智慧力、死生智力——知道眾生生死之處的智慧力、漏盡智力——知道煩惱已盡的智慧力）、四無畏（正等覺——了解一切現象、漏永盡——煩惱永盡、說障法——解說煩惱、說出道——說出離之道）、十八不共法（以上大悲、十力、四無畏，再加上三念住，即眾生信佛不信佛不生歡喜心、憂惱心、憂喜參半的心）的法音。如此極樂國土的環境清淨莊嚴，佛的說法亦不間斷，其國眾生亦時時聽聞，提昇其精神倫理生

活，遠離邪惡，心不起貪瞋痴，遠離墮落三惡趣的因素，故極樂國土無三惡道（地獄、餓鬼、畜生），且無有眾苦但受諸樂。又因其國土的眾生，聞其音聲，皆生念佛念法念僧之心，所以一旦往生，即不再退轉落於三界六道輪迴的世界，得不退轉也就是《阿彌陀經》上說的得阿鞞跋致，這說明了極樂世界教育環境的殊勝，及教化所產生的功能尤其是音樂在教化作用上所占有的份量，這也是娑婆世界眾生，願往生極樂國土的誘因之一。此外阿彌陀佛的願力，即接引眾生往生極樂國土的願力廣大殊勝，可說連在此世間，幾乎被世人遺棄、罪惡滿盈的人，阿彌陀佛也垂手接引。

第四章 四十八本願及三輩九品往生

　　談到阿彌陀佛的願力，在前一章中也談及，這是法藏比丘以五劫的時間，思惟攝取莊嚴佛國清淨之行後，在世自在王佛面前所發的大願。首先談到願的數目，在各譯本的說法，並非一致。後漢支婁迦讖譯《無量清淨平等覺經》及吳支謙譯《大阿彌陀經》是介紹二十四願；曹魏康僧鎧譯《無量壽經》、唐菩提流志譯《無量壽如來會》則是說四十八願，至於宋法賢譯《大乘無量壽莊嚴經》，就介紹三十六願。此外梵文本（足利本）是說四十七願，西藏譯本則是四十九願。如此各譯本願數的不同，由其二十四願，三十六願，增加到四十八、四十九願來看，可知道其變化，也可能它是源自於本願思想的增廣。在此說的阿彌陀佛的願力，也可說是誓願或本願。本願的思想是「淨佛國土」思想中重要的一環，如前述《摩訶般若波羅蜜經》卷二六中說的「如是須菩提！菩薩摩訶薩能淨佛國土，是菩薩隨爾所時，

行菩薩道，滿足諸願，是菩薩自成就一切善法，亦
成就一切眾生善法」（見頁10）。此中「滿足諸願」
的「願」，也就是「本願」或叫「誓願」。此本願的
思想是源自「迴向發願」的思想，而迴向的精神是
基於緣生無性的原理而來，著重在培養對日常生活
中行善所應帶來的善報；即功德，能不執著為己有
的情懷。因為行菩薩道，就是在借重成就他人來完
成自己，當然這是奠立在菩薩的大悲心，所以我們
所看的，如「是菩薩摩訶薩或以三千大千國土滿中
珍寶施與三尊，作是願言：我以善根因緣，故令我
國土皆以七寶成。復次須菩提！菩薩摩訶薩以天妓
樂，樂佛及塔，作是願言：以是善根因緣，令我國
土中常聞天樂。復次須菩提！菩薩摩訶薩以三千大
千國土滿中天香，供養諸佛及諸佛塔，作是願言：
以是善根因緣，令我國土中常有天香。復次須菩提！
菩薩摩訶薩以百味食，施佛及僧，作是願言：以是
善根因緣故，令我國土中眾生皆得百味食。……」
（見頁9）。如上為《摩訶般若波羅蜜經》卷二六說
的，菩薩行布施度，以珍寶、妓樂（即音樂）、天香、
百味食等供佛及僧，也就是一般說的種福田時，內
心都有個願望，而此願望都不離他自己所要教化國

土的自然環境，及其眾生能成就善法的主觀條件。
由此可知，本願思想與淨佛國土的關連性。

諸佛的本願是有不同，如藥師琉璃光如來的十
二大願；阿彌陀佛的四十八本願。但其根本精神則
絲毫無有差異，表徵此根本精神的，就是四弘誓願，
也就是所謂的諸佛總願，其內容如下：

眾生無邊誓願度，煩惱無盡誓願斷；
法門無量誓願學，佛道無上誓願成。

此首偈的意義，是以金剛石般的意志，下定了如下
的決心：

堅定不惜身命，不顧一切，直到成為一位人
類的救濟者佛陀；
為此，要實踐斷除一切苦惱的修行；
為此，要學到所有的佛法。不如此，一步也
不退轉，一時也不懈怠，繼續精進地邁向佛
道。

從如此的含義來思考，本願的思想無非是「悲

智雙運」的反映；是「發無上道心」，即「發菩提心」
的闡釋。而「發菩提心」，含有上求佛道、下化眾生
的二層意義。上求佛道是智；下化眾生是悲。「悲智
雙運」的結果，其體證的智慧，即般若智，其功能
不是只要自己快樂安住，而是要直接投注於一切眾
生的救濟，無止盡地釀出挺身於建立淨土的方便智，
即大慈悲行。而此般若智、大慈悲行就是六度萬行
的實踐。般若智者，就是空智、也就是根本智。有
此般若智慧，才能不執著於修行和功德，才能將所
作的世間、出世間的功德迴向法界眾生，由此不執
著，即不拘泥、不安住，而發展成性空的思想。有
此思想，對修行、功德才能不執著，對一切眾生行
布施、持戒、忍辱、精進、禪定時，才能基於慈悲
的精神，達到無相無作的境界。這也就是「淨佛國
土」思想中所說的「風吹七寶之樹，隨所應度而出
音聲，所謂空，無相，無作，如諸法實相之音。有
佛無佛，一切法相一切法相空，空中無有相，無相
中則無可作出」（見頁10），也是如《無量壽經》卷
上所說的「八相成道」中的「為諸菩薩而作大師，
以甚深禪慧開導眾人，通諸法性達眾生相，明了諸
國供養諸佛，化現其身猶如電光，善學無畏曉了幻

法，壞裂魔網，解諸纏縛，超越聲聞緣覺之地，得空無相無願三昧，善立方便，顯示三乘，於此化終而現滅度，亦無所作亦無所有，不起不滅得平等法，具足成就無量總持百千三昧。」（大正一二、二六六、b）此中，空無相無作，實是空無相無願，因無願者，為無起無作的緣故，而空無相無作，也就是諸法實相，體證諸法實相，才能善立方便，渡化一切有情眾生，不論其為菩薩或是聲聞緣覺。如此看來「悲智雙運」，實是佛本願功能的發揮，了解這種關係之後，我們再來看看阿彌陀佛的本願。

　　關於阿彌陀佛的本願，其數目，如上述（見頁37）在各譯本中所介紹的，雖有不一致的地方，在此我依曹魏康僧鎧的譯本，也就是一般所謂的四十八本願，介紹於下：

　　⑴設我得佛，國有地獄餓鬼畜生者，不取正覺。

　　⑵設我得佛，國中人天壽終之後，復更三惡道者，不取正覺。

　　⑶設我得佛，國中人天，不悉真金色者，不取正覺。

　　⑷設我得佛，國中人天，形色不同有好醜者，不取正覺。

⑸設我得佛，國中人天，不悉識宿命，下至知百千億那由他諸劫事者，不取正覺。

⑹設我得佛，國中人天，不得天眼，下至見百千億那由他諸佛國者，不取正覺。

⑺設我得佛，國中人天，不得天耳，下至聞百千億那由他諸佛所說，不悉受持者，不取正覺。

⑻設我得佛，國中人天，不得見他心智，下至知百千億那由他諸佛國中眾生心念者，不取正覺。

⑼設我得佛，國中人天，不得神足，於一念頃，下至不能超過百千億那由他諸佛國者，不取正覺。

⑽設我得佛，國中人天，若起想念，貪計身者，不取正覺。

⑾設我得佛，國中人天，不住定聚，必至滅度者，不取正覺。

⑿設我得佛，光明有能限量，下至不照百千億那由他諸佛國者，不取正覺。

⒀設我得佛，壽命有能限量，下至百千億那由他劫者，不取正覺。

⒁設我得佛，國中聲聞有能限量，乃至三千大千世界，眾生緣覺於百千劫，悉共計校知其數者，不取正覺。

⒂設我得佛，國中人天，壽命無能限量，除其本願修短自在，若不爾者，不取正覺。

⒃設我得佛，國中人天，乃至聞有不善名者，不取正覺。

⒄設我得佛，十方世界無量諸佛，不悉諮嗟稱我名者，不取正覺。

⒅設我得佛，十方眾生至心信樂，欲生我國乃至十念，若不生者不取正覺，唯除五逆，誹謗正法。

⒆設我得佛，十方眾生發菩提心，修諸功德，至心發願欲生我國，臨壽終時，假令不與大眾圍遶，現其人前者，不取正覺。

⒇設我得佛，十方眾生聞我名號，係念我國殖諸德本，至心迴向欲生我國，不果遂者，不取正覺。

(21)設我得佛，國中人天，不悉成滿三十二大人相者，不取正覺。

(22)設我得佛，他方佛土諸菩薩眾來生我國，究竟必至一生補處，除其本願自在所化，為眾生故被弘誓鎧，積累德本度脫一切，遊諸佛國修菩薩行，供養十方諸佛如來，開化恆沙無量眾生，使立無上正真之道，超出常倫諸地之行，現前修習普賢之德，若不爾者，不取正覺。

(23)設我得佛，國中菩薩，承佛神力供養諸佛，一食之頃，不能遍至無量無數億那由他諸佛國者，不取正覺。

(24)設我得佛，國中菩薩在諸佛前，現其德本，諸所求欲供養之具，若不如意者，不取正覺。

(25)設我得佛，國中菩薩不能演說一切智者，不取正覺。

(26)設我得佛，國中菩薩不得金剛那羅延身者，不取正覺。

(27)設我得佛，國中人天，一切萬物，嚴淨光麗，形色殊特，窮微極妙，無能稱量，其諸眾生乃至逮得天眼，有能明了辨其名數者，不取正覺。

(28)設我得佛，國中菩薩乃至少功德者，不能知見其道場樹，無量光色高四百萬里者，不取正覺。

(29)設我得佛，國中菩薩若受讀經法，諷誦持說而不得辯才智慧者，不取正覺。

(30)設我得佛，國中菩薩智慧辯才若可限量者，不取正覺。

(31)設我得佛，國土清淨，皆悉照見十方一切無量無數不可思議諸佛世界，猶如明鏡，覩其面像，若不爾者，不取正覺。

⑶設我得佛，自地以上至于虛空，宮殿樓觀、池流華樹、國土所有一切萬物，皆以無量雜寶百千種香而共合成。嚴飾奇妙，超諸人天。其香普薰十方世界，菩薩聞者，皆修佛行，若不爾者，不取正覺。

⑶設我得佛，十方無量不可思議諸佛世界眾生之類，蒙我光明，觸其體者，身心柔軟超過人天，若不爾者，不取正覺。

⑶設我得佛，十方無量不可思議諸佛世界眾生之類，聞我名字，不得菩薩無生法忍諸深總持者，不取正覺。

⑶設我得佛，十方無量不可思議諸佛世界，其有女人聞我名字，歡喜信樂，發菩提心，厭惡女身，壽終之後復為女像者，不取正覺。

⑶設我得佛，十方無量不可思議諸佛世界諸菩薩眾，聞我名字，壽終之後，常修梵行至成佛道，若不爾者，不取正覺。

⑶設我得佛，十方無量不可思議諸佛世界諸天人民，聞我名字，五體投地稽首作禮，歡喜信樂修菩薩行，諸天世人莫不致敬，若不爾者，不取正覺。

⑶設我得佛，國中人天，欲得衣服隨念即至，

如佛所讚，應法妙服自然在身，若有裁縫染治浣濯者，不取正覺。

(39)設我得佛，國中人天所受快樂，不如漏盡比丘者，不取正覺。

(40)設我得佛，國中菩薩隨意欲見十方無量嚴淨佛土，應時如願，於寶樹中皆悉照見，猶如明鏡覩其面像，若不爾者，不取正覺。

(41)設我得佛，他方國土諸菩薩眾，聞我名字，至于得佛，諸根缺陋不具足者，不取正覺。

(42)設我得佛，他方國土諸菩薩眾，聞我名字，皆悉逮得清淨解脫三昧。住是三昧，一發意頃，供養無量不可思議諸佛世尊而不失定意，若不爾者，不取正覺。

(43)設我得佛，他方國土諸菩薩眾，聞我名字，壽終之後生尊貴家，若不爾者，不取正覺。

(44)設我得佛，他方國土諸菩薩眾，聞我名字，歡喜踊躍修菩薩行，具足德本，若不爾者，不取正覺。

(45)設我得佛，他方國土諸菩薩眾，聞我名字，皆悉逮得普等三昧。住是三昧，至于成佛，常見無量不可思議一切如來，若不爾者，不取正覺。

⒁設我得佛，國中菩薩，隨其志願，所欲聞法，自然得聞，若不爾者，不取正覺。

⒄設我得佛，他方國土諸菩薩眾，聞我名字，不即得至不退轉者，不取正覺。

⒅設我得佛，他方國土諸菩薩眾，聞我名字，不即得至第一第二第三法忍，於諸佛法，不能即得不退轉者，不取正覺（大正一二、二六七、c—二六九、b）。

以上阿彌陀佛的四十八本願中，以所攝受眾生的生存世界來區分，有極樂國土和他方佛國土的眾生。屬於他方國土眾生的本願，則有33、34、35、36、37、41、42、43、44、45、47、48等十二個。此十二個本願，有二項共同的地方：一是強調「聞我名字」所得的利益，也就是稱佛名號的功德；二是對他國土菩薩並不強調往生極樂國土。前者突顯以名號救濟的功能，在該經的卷下還強調「諸有眾生，聞其名號，信心歡喜乃至一念至心迴向願生彼國，即得往生，住不退轉」（大正一二、二七二、b）。又《阿彌陀經》也主張「聞說阿彌陀佛，執持名號，若一日若二日若三日若四日若五日若六日若七日一心不亂，其人臨命終時，阿彌陀佛與諸聖眾

現在其前，是人終時心不顛倒，即得往生阿彌陀佛極樂國土」（大正一二、三四七、b）。由此可知稱名號與往生極樂國的關係。至於後者，是因對象為他方佛國的菩薩，故對他們不強調往生極樂國，這也是顯示彼此尊重的精神。

其次談到關於極樂國土的本願，而極樂國土自身可分依報和正報。所謂依報者，是極樂國土眾生所依存的環境，而正報則是其國土眾生的身體，也就是果報身。首先我們來看阿彌陀佛本願中的依報，這表現於31、32等二願。此二願充分地表達了極樂國土的清淨莊嚴，富麗堂皇，如頁29-34所敘述的。其次談到其國土眾生的正報身，則在其本願的 1、3、4、5、6、7、8、9、10、11、15、16、21、27、31、38、39等十七個願中，作了詳細的交代。依此，我們可以知道極樂國土的眾生都是真金色，無有好醜之別，因都具足三十二相的緣故。且都具有六神通（天眼、天耳、他心、神足、宿命、漏盡），必屬正定聚（三定聚之一，是決定會到永遠覺悟境界的生類）。其壽命也同阿彌陀佛一樣，是無量無數，無有壽命長短之分，除非其本人有其本願，也就是有倒駕慈航渡眾生的願力，所以一旦往生極樂國土的

眾生，是不用憂慮會再墮落三惡道，當然極樂國土
裡也無三惡道（第一、二願）。雖然《阿彌陀經》裡
談到有「種種奇妙雜色之鳥：白鶴、孔雀、鸚鵡、
舍利、迦陵頻伽、共命之鳥」（大正一二、三四七、
a），但此「眾鳥，皆是阿彌陀佛，欲令法音宣流，
變化所作」（同上）。此中所說的法音，就是如頁
34-35所說的，所以極樂國土的眾生不會聽到不善
的事物（第十六願），同時身心承受的喜悅快樂，不
會較已經體證阿羅漢果的漏盡（煩惱已盡）比丘差
（第三十九願），日常生活，即衣食生活無貧富差距，
是依其所需而適取其量（第三十八願），無巧取豪奪，
爾虞我詐的現象。如此良好的生存環境，嚮往的人
可能不少，而阿彌陀佛經歷多生多劫的修行，建設
莊嚴如此的國土也是為了安住芸芸眾生，使之離苦
得樂。因此我們要進一步來了解阿彌陀佛是發了怎
樣的本願？接引眾生來此的，我們看18、19、20三
個本願就可明白。此三願告訴我們，往生極樂國應
具有的條件。在此，筆者試著將之整理於下：

　　㈠聽聞阿彌陀名號、至心信樂，發願欲生極樂
國者。

　　㈡發菩提心，修諸功德者。

㈢係念名號者。

㈣係念名號的次數，少至十念者。但排除造五逆（殺父、殺母、殺阿羅漢、出佛身血、破和合僧），誹謗正法者（指大乘佛教經典）。

在此值得我們注目的是「聞我名號」， 在頁47的地方筆者也談到「聞我名字」的功德，在四十八本願中提到「聞我名號」的，就有十二個願。在此，不難想像它所強調的名號與功德的相關性。談到功德，它應含有名號自身就具有的意義及因它而啟發出的功能。以阿彌陀佛此名號來說其本身具有的意義，就如頁23-25所介紹的，在此不再重述，但就阿彌陀佛名號所啟發出的功能來敘說。第二十願說：「十方眾生聞我名號，係念我國殖諸德本，至心迴向欲生我國。」此中「殖諸德本」，可能是奠立在「發菩提心，修諸功德」上。或許是如此，在三輩往生的條件中，都必須具有「發菩提心」，這從以下經文可以明白。

佛告阿難！十方世界諸天人民，其有至心願生彼國凡有三輩。其上輩者：捨家棄欲而作沙門，發菩提心，一向專念無量壽佛，修諸

功德，願生彼國。此等眾生臨壽終時，無量
壽佛與諸大眾現其人前，即隨彼佛，往生其
國，便於七寶華中自然化生，住不退轉，智
慧勇猛神通自在。是故阿難！其有眾生，欲
於今生見無量壽佛，應發無上菩提之心，修
行功德，願生彼國。

佛語阿難！其中輩者：十方世界諸天人民，
其有至心願生彼國，雖不能行作沙門，大修
功德，當發無上菩提之心，一向專念無量壽
佛，多少修善，奉持齋戒，起立塔像，飯食
沙門，懸繒然燈，散華燒香以此迴向願生彼
國。其人臨終，無量壽佛，化現其身，即隨
化佛往生其國，住不退轉，功德智慧，次如
上輩者也。

佛語阿難！其下輩者：十方世界諸天人民，
其有至心欲生彼國，假使不能作諸功德，當
發無上菩提之心，一向專意乃至十念念無量
壽佛，願生其國。若聞深法，歡喜信樂，不
生疑惑，乃至一念，念於彼國，以至誠心願
生其國。此人臨終，夢見彼佛，亦得往生，
功德智慧次如中輩者也（大正一二、二七二、

b、c)。

如以上《無量壽經》所述,三輩往生者,「願生其國」及「發菩提心,一向專念無量壽佛即阿彌陀佛」,是最基本的宗教行為。此中「一向專念無量壽佛」的次數,當然是愈多愈好,如果不能的話,至少要有十次,一心專念其極樂國,以至誠心願生彼國,縱然沒有能力作種種功德也能如其所願,雖然它只是下輩。而這十念念佛得以往生,可能是依第十八願而來。若是如此,則造過五逆罪及誹謗正法者,是被排除在外。又此十念往生,在日後中國彌陀淨土教史上的發展,是值得注目的,關於這點容後再述。

發菩提心之外,能修諸功德,是上、中兩輩往生的必備條件,這在《阿彌陀經》裡也說:不可少善根福德因緣得生彼國(大正一二、三四七、b);且《觀無量壽經》裡也強調說:

欲生彼國者,當修三福:一者孝養父母,奉事師長,慈心不殺,修十善業;二者受持三歸,具足眾戒,不犯威儀;三者發菩提心,

深信因果，讀誦大乘，勸進行者。如此三事
名為淨業。佛告韋提希，汝今知不？此三種
業，乃是過去未來現在三世諸佛淨業正因
（大正一二、三四一、c）。

又在《觀經》中，將三輩細分為九品，即上、中、
下三品，各品又有上、中、下三生而形成。其九品
往生者的條件是如下：

上品上生者：若有眾生願生彼國者，發三種
心，即便往生。何等為三？一者至誠心、二
者深心、三者迴向發願心，具三心者，必生
彼國。復有三種眾生當得往生，何等為三？
一者慈心不殺，具諸戒行；二者讀誦大乘方
等經典；三者修行六念，迴向發願生彼佛國。
具此功德，一日乃至七日，即得往生。上品
中生者：不必受持讀誦方等經典，善解義趣，
於第一義心不驚動，深信因果，不謗大乘，
以此功德，迴向願求生極樂國。
上品下生者：亦信因果，不謗大乘，但發無
上道心，以此功德，迴向願求生極樂國。

中品上生者：若有眾生受持五戒，持八戒齋，修行諸戒，不造五逆，無眾過惡，以此善根，迴向願求生於西方極樂世界。

中品中生者：若有眾生，若一日一夜持八戒齋；若一日一夜持沙彌戒；若一日一夜持具足戒；威儀無缺，以此功德，迴向願求生極樂國。

中品下生者：若有善男子善女人，孝養父母，行世仁義。此人命欲終時，遇善知識，為其廣說阿彌陀佛國土樂事，亦說法藏比丘四十八大願，聞此事已，尋即命終。

下品上生者：或有眾生，作眾惡業，雖不誹謗方等經典，如此愚人，多造惡法，無有慚愧。命欲終時遇善知識，為讚大乘十二部經首題名字。以聞如是諸經名故，除卻千劫極重惡業，智者復教合掌叉手稱南無阿彌陀佛，稱佛名故，除五十億劫生死之罪。

下品中生者：或有眾生毀犯五戒八戒及具足戒。如此愚人偷僧祇物，盜現前僧物，不淨說法無有慚愧，以諸惡法而自莊嚴。如此罪人，以惡業故應墮地獄。命欲終時，地獄眾

火一時俱至，遇善知識以大慈悲，即為讚說阿彌陀佛十力威德，廣讚彼佛光明神力，亦讚戒定慧解脫解脫知見，此人聞已，除八十億劫生死之罪。

下品下生者：或有眾生作不善業五逆十惡，具諸不善，如此愚人以惡業故，應墮惡道，經歷多劫受苦無窮。如此愚人臨命終時，遇善知識種種安慰，為說妙法，教令念佛，彼人苦逼不遑念佛。善友告言：汝若不能念彼佛者，應稱歸命無量壽佛。如是至心令聲不絕，具足十念稱南無阿彌陀佛，稱佛名故於念念中，除八十億劫生死之罪（大正一二、三四四、c—三四六、a）。

　　將以上《無量壽經》及《觀經》中，談及「修諸功德」的內容，作對照來看，可以知道《無量壽經》中說的「修諸功德」，主要是指「受持教戒」而言。至於戒的種類，在此，是說出家的具足戒及在家的三皈五戒和八關齋戒。戒的具體意義，是基於深信因果的信念，來止惡行善。止惡，是諸惡莫作的意思。所謂諸惡，是指造十惡業（殺害、偷盜、

邪淫、妄言、兩舌、惡口、綺語、貪、瞋、痴)、犯
五逆（殺父、殺母、殺阿羅漢、出佛身血、破和合
僧）等；至於行善，即是眾善奉行。所謂眾善，即
是受持三皈、五戒、八關齋戒，修十善業，勤修六
念，並以讀誦大乘經典為輔。以上是上、中二輩往
生者所應修的諸功德。而關於《無量壽經》中說的
「下輩往生者，不能作諸功德」，如果依據《觀無量
壽經》的下品三生來看，可能不只是指無能力做，
它應還包括已經做了種種惡事，如五逆十惡，甚至
於受戒卻犯戒的事。如此罪惡深重的人，在阿彌陀
佛的教化世界裡，是占有一席之地。由此看來，彌
陀淨土的信仰，是無論眾生的根機即所謂資質的優
劣，都能包容並蓄，真如古人說的「三根普被」。不
過在此，值得我們注目的，是如此的人能夠往生，
有一必須的條件，這個條件就是在臨命終時，能幸
遇善知識為他說法，且臨命終者，聞法之後要能念
佛，至少要具足十念。如此臨終具足十念，在日後
的中國彌陀淨土信仰潮流中，與第十八願相結合，
終於發展成為臨終助念。又《觀經》下品三生中，
強調臨終時，聞法念佛名號得以滅罪的事，也在日
後成為念佛滅罪的思想，以上幾點，請參考下篇〈教

史——中國彌陀淨土教的形成〉。在此先介紹三輩九品眾生往生時，阿彌陀佛等前來接引的實況。

有關臨命終時，阿彌陀佛等前來接引，是眾生往生極樂國土的過程之一，相關的內容，有如下的經文：

《阿彌陀經》：

舍利弗！若有善男子善女人聞說阿彌陀佛，執持名號若一日若二日若三日若四日若五日若六日若七日一心不亂，其人臨命終時，阿彌陀佛與諸聖眾現在其前，是人終時心不顛倒即得往生（大正一二、三四七、b）。

《無量壽經》：

其上輩者：……此等眾生臨壽終時，無量壽佛與諸大眾現其人前，即隨彼佛往生其國，便於七寶華中自然化生，住不退轉。

其中輩者：……其人臨終，無量壽佛化現其身，光明相好具如真佛，與諸大眾現其人前，即隨化佛往生其國，住不退轉。

其下輩者：……此人臨終，夢見彼佛亦得往生（大正一二、二七二、b、c）。

《觀經》：

上品上生者：……此人精進勇猛故，阿彌陀如來與觀世音及大勢至無數化佛百千比丘聲聞大眾無量諸天，七寶宮殿，觀世音菩薩執金剛臺與大勢至菩薩至行者前，阿彌陀佛放大光明照行者身，與諸菩薩授手迎接，觀世音大勢至與無數菩薩讚歎行者，勸進其心。行者見已，歡喜踊躍，自見其身乘金剛臺，隨從佛後，如彈指頃往生彼國（大正一二、三四四、c）。

上品中生者：……行此行者，命欲終時，阿彌陀佛與觀世音及大勢至無量大眾眷屬圍繞，持紫金臺至行者前，讚言：法子！汝行大乘解第一義，是故我今來迎接汝，與千化佛一時授手。行者自見坐紫金臺，合掌叉手讚歎諸佛，如一念頃即生彼國七寶池中，此紫金臺如大寶花，經宿即開，行者身作紫磨金色，足下亦有七寶蓮華（三四五、a）。

上品下生者：……彼行者命欲終時，阿彌陀佛及觀世音並大勢至，與諸眷屬持金蓮華，化作五百化佛來迎此人，五百化佛一時授

手，讚言：法子！汝今清淨發無上道心，我來迎汝，見此事時，即自見身坐金蓮花，坐已華合，隨世尊後即得往生七寶池中，一日一夜蓮花乃開，七日之中乃得見佛（三四五、a、b）。

中品上生者：……行者臨命終時，阿彌陀佛與諸比丘眷屬圍繞，放金色光至其人所，演說苦空無常無我，讚歎出家得離眾苦，行者見已心大歡喜，自見己身，坐蓮花臺長跪合掌，為佛作禮，未舉頭頃即得往生極樂世界，蓮花尋開，當華敷時，聞眾音聲，讚歎四諦，應時即得阿羅漢道，三明六通，具八解脫（三四五、b）。

中品中生者：……如此行者命欲終時，見阿彌陀佛與諸眷屬，放金色光，持七寶蓮花，至行者前，行者自聞空中有聲，讚言：善男子！如汝善人隨順三世諸佛教故，我來迎汝，行者自見坐蓮花上，蓮花即合，生於西方極樂世界在寶池中，經於七日，蓮花乃敷。花既敷已，開目合掌，讚歎世尊，聞法歡喜，得須陀洹，經半劫已，成阿羅漢（三四五、

b)。

中品下生者：……此人命欲終時，遇善知識為其廣說阿彌陀佛國土樂事，亦說法藏比丘四十八願，聞此事已，尋即命終，譬如壯士屈伸臂頃，即生西方極樂世界。生經七日，遇觀世音及大勢至，聞法歡喜，得須陀洹過一小劫成阿羅漢（三四五、c）。

下品上生者：……命欲終時，遇善知識為讚大乘十二部經首題名字，以聞如是諸經名故，除卻極重惡業。智者復教合掌叉手，稱南無阿彌陀佛，稱佛名故，除五十億劫生死之罪。爾時彼佛即遣化佛化觀世音化大勢至行者前，讚言：善哉！善男子！汝稱佛名故諸罪消滅，我來迎汝。作是語已，行者即見化佛光明，遍滿其室，見已歡喜即便命終，乘寶蓮花，隨化佛後生寶池中，經七七日，蓮花乃敷。當花敷時，大悲觀世音菩薩及大勢至菩薩放大光明住其人前，為說甚深十二部經，聞已信解，發無上道心，經十小劫，具百法明門，得入初地（三四五、c）。

下品中生者：……命欲終時，地獄眾火一時

俱至，遇善知識以大慈悲，即為讚說阿彌陀
佛十力威德，廣讚彼佛光明神力，亦讚戒定
慧解脫解脫知見，此人聞已除八十億劫生死
之罪，地獄猛火化為涼風，吹諸天華，華上
皆有化佛菩薩，迎接此人，如一念頃，即得
往生七寶池中蓮花之內，經於六劫，蓮花乃
敷。當華敷時，觀世音大勢至，以梵音聲，
安慰彼人，為說大乘甚深經典，聞此法已，
應時即發無上道心（三四六、a）。

下品下生者：……如此愚人臨命終時，遇善
知識種種安慰為說妙法，教令念佛，彼人苦
逼不遑念佛。善友告言：汝若不能念彼佛者，
應稱歸命無量壽佛。如是至心令聲不絕，具
足十念稱南無阿彌陀佛，稱佛名故，於念念
中除八十億劫生死之罪。命終之時，見金蓮
花猶如日輪，住其人前如一念頃即得往生極
樂世界，於蓮花中滿十二大劫，蓮花方開。
當花敷時，觀世音大勢至以大悲音聲，即為
其人廣說實相除滅罪法，聞已歡喜，應時即
發菩提之心（三四六、a）。

以上有關眾生往生極樂國的敘述，三經中最簡略的是《阿彌陀經》，它告訴我們阿彌陀佛與諸聖眾會出現在臨命終者的眼前，此時臨命終者願往生彼國的意願，如果沒有變更就得以往生。它沒談及品位上下的差別，只提出共同的要點，而《無量壽經》就談及三輩往生接引相的不同，當然它與《觀經》對照的話，還是較為簡略，在此將兩者對照來作解釋。

《無量壽經》中談到上輩往生者，「無量壽佛與諸大眾現其人前」。此中所云的大眾，對照《觀經》來看，當是指觀世音、大勢至及清淨海眾諸菩薩，他們與阿彌陀佛一起親自來接引，來到臨命終者前，阿彌陀佛放大光明照其身，或為其說法讚歎其生前所修的福德，再由觀世音菩薩持金剛臺或紫金臺、或是金蓮華讓臨命終者坐，在一剎那間即隨他們往生於極樂世界七寶池中見佛悟無生智慧。不過下生者，因是坐金蓮華往生，當臨命終者坐上華時，華瓣就合起來，隨其往生，此華在七寶池中，需經一日一夜才開，又經七日才能見佛聞法。

其次《無量壽經》談到中輩往生者，前來接引的是阿彌陀佛的化身及觀世音、大勢至二位菩薩，

還有其清淨海眾，往生者是隨化佛往生彼國。不過
《觀經》中品上、中二生者，所感的是阿彌陀佛及
其諸眷屬持七寶蓮花前來，並圍繞在往生者的四周，
此時阿彌陀佛放金色光照往生者身，並為其說人生
苦空無常的真理，讚歎出家欲解脫導致人生是苦的
因素，或是讚歎往生者在生時依佛教誨且身體力行
所得的功德。當下往生者，自見其身坐於蓮花臺中，
蓮花自動合攏，往生於極樂世界七寶池中，經過七
日之後，蓮花綻開，傾聽觀世音、大勢至兩位菩薩
的說法，往生者聞法得證阿羅漢果。

最後《無量壽經》談到下輩往生者，是夢見阿
彌陀佛往生，但《觀經》中，敘述下輩往生者，有
一必備的條件，此條件在前亦敘述過（見頁56），它
就是臨命終時，得遇善知識為往生者讚歎大乘佛教
十二部經的經名，或讚說阿彌陀佛的十力威德、光
明神力、五分法身（戒、定、慧、解脫、解脫知見），
作種種安慰，為往生者說法，教導使之念佛，念「南
無阿彌陀佛」，至少要能具足十念，因念佛名故，能
除五十億劫或八十億劫的生死重罪。因此因緣，感
阿彌陀佛遣化佛、化觀世音、大勢至菩薩，持金蓮
花現其眼前，往生者見已，生歡喜心，隨時身躍上

蓮花中，蓮花自合，隨化佛化菩薩等往生極樂世界
蓮花池中，上生者經四十九日、中生者六劫、下生
者十二劫所乘蓮花才開，當花開時，觀世音、大勢
至兩位菩薩放大光明，照往生者身，並以梵音為往
生者廣為說法，令往生者聞法生起菩提心，即求道、
求覺悟的心。有此道心，道業自能增長。雖然《無
量壽經》及《觀經》均沒談及下輩往生極樂國者，
得不退轉，但依《阿彌陀經》中所云「極樂世界眾
生生者皆是阿鞞跋致（不退轉）。」來思考，可以知
道下輩往生者當與上、中二輩往生者一樣，都得不
再退轉於三界六道的輪迴世界。縱然下輩往生者，
生前看似罪惡不赦者，但臨命終時，能值遇善知識
為其說法，聞法之後能心開意解，消除刀風解形、
地獄眾火現前的恐怖、痛苦，至心念佛念「南無阿
彌陀佛」，願生極樂世界，可能也不是等閑之輩。對
此在日後的中國彌陀淨土教諸師亦特別注目，也因
此發展出帶有中國文化特色的彌陀淨土教的信仰。
這就是惡人往生思想的淵源，也是臨終助念信仰的
依據。

下篇

教史
——中國彌陀淨土教的形成

第一章 淨土經論的漢傳

一、般舟三昧經

談到中國彌陀淨土教的形成，首先需要介紹彌陀淨土教相關經典的譯傳。與彌陀淨土有關的經論，依藤田宏達氏的研究，單是漢譯的就多達二九○件。因此，自古就有天台宗荊溪湛然（西元七一一一七八二年）於《止觀輔行傳弘決》，談到「諸經所讚，多在彌陀」。而在這與彌陀淨土有關的二九○件中，中國人最早接觸到的是，紀元二世紀後半支婁迦讖翻譯的《般舟三昧經》。時間是在東晉安帝元興元年（西元四○二年）七月二十八日，主人翁是以廬山慧遠（西元三三四－四一九年）為中心的一百二十三位名賢高僧。他們集中於廬山之陰的般若臺精舍阿彌陀佛像前，根據《般舟三昧經》中的「念佛三昧」修持。其實踐的方法如下：

其有比丘比丘尼優婆塞優婆夷持戒完具，獨
一處止，心念西方阿彌陀佛，今現在隨所聞
當念，去是間千億萬佛剎，其國名須摩提，
在眾菩薩中央說經，一切常念阿彌陀佛。……
若沙門白衣所聞西方阿彌陀佛剎，當念彼方
佛，不得缺戒，一心念，若一晝夜，若七日
七夜，過七日以後，見阿彌陀佛，於覺不見，
於夢中見之。……菩薩心當作是念。……
是菩薩摩訶薩不持天眼徹視，不持天耳徹
聽，不持神足到其佛剎，不於是間終生彼間
佛剎，乃見便於是間坐見阿彌陀佛，聞所說
經悉受，得從三昧中悉能具足，為人說之。
……如是颰陀和菩薩於是間國土，聞阿彌陀
佛數數念，用是念故，見阿彌陀佛。見佛已
從問，當持何等法生阿彌陀佛國。爾時阿彌
陀佛語是言：菩薩欲來生我國者，常念我數
數，常當守念，莫有休息，如是得來生我國
（大正一三、九〇五、a、b）。

根據上文所敘述的修持法門，是㈠持戒要完美
無缺㈡時常憶念阿彌陀佛，或是一晝夜，或是為期

一週。在此需要一提的，是此念佛屬於那一類的呢？
是否就是我們一般人所認識的稱名念佛呢？換句話
說，是否與《阿彌陀經》中所說的執持名號相同呢？
關於這個答案，從如下鳩摩羅什（西元三五〇—四
〇九年）與慧遠的往返書信中就可獲得。

　　《大乘大義章》卷中〈次問念佛三昧并答〉中：

　　　遠問曰：念佛三昧般舟經念佛章中說，多引
　　　夢為喻，夢是凡夫之境，惑之與解，皆自厓
　　　已還理了，而經說念佛三昧見佛。則問云，
　　　則答云，則決其疑網。若佛同夢中所見，則
　　　是我相之所矚想相。專則成定，定則見佛，
　　　所見之佛，不自外來，我亦不往，直是想專
　　　理會大聞，於夢了疑大我，或或不出，境佛
　　　不來，而云何有解？解其安從乎？若真茲外
　　　應，則不得以夢為喻，神通之會，自非實相，
　　　則有往來。往則是經表之談，非三昧意，復
　　　何以為通（大正四五、二二四、b、c）。

　　　什答：見佛三昧有三種：一者菩薩或得天眼
　　　天耳，或飛到十方佛所，見佛難問，斷諸疑
　　　網。二者雖無神通，常修念阿彌陀等現在諸

佛，心住一處，即得見佛，請問所疑。三者
學習念佛，或以離欲，或未離欲，或見佛像，
或見生身，或見過去未來現在諸佛，是三種
定，皆名念佛三昧。其實不同者得神通見十
方佛，餘者最下，統名念佛三昧。……又學
般舟三昧者，離憶想分別而非虛妄，所以者
何？釋迦文佛所說眾經，明阿彌陀佛身相具
足，是如來之至言。又《般舟經》種種設教，
當念分別阿彌陀佛在於西方，過十萬佛土，
彼佛以無量光明，常照十方世界。若行如經
所說，能見佛者，則有本末，非徒虛妄憶想
分別而已。以人不信，不知行禪定法，作是
念！未得神通，何能遠見諸佛也。是故佛以
夢為喻耳。如人以夢力故，雖有遠事，能到
能見。行般舟三昧菩薩亦復如是，以此定力
故，遠見諸佛，不以山林等為礙也。以人信
夢故，以之為喻。又夢是不然之法，無所施
作，尚能如是，何況施其功用而不見也（大
正四五、二二四、b、c）。

由以上問答，我們可以知道慧遠對《般舟三昧

經》念佛章中，定中見佛以夢為喻之事，甚感迷惑，
而提出就教於鳩摩羅什。究竟該經是如何以夢來喻
定中見佛之境呢？此可看如下之文：

> 其有比丘比丘尼優婆塞優婆夷持戒完具，獨
> 一處止，心念西方阿彌陀佛，今現在隨所聞
> 當念，去是間千億萬佛剎，其國名須摩提，
> 在眾菩薩中央說經，一切常念阿彌陀佛。……
> 若沙門白衣所聞西方阿彌陀佛剎，當念彼方
> 佛，不得缺戒，一心念，若一晝夜，若七日
> 七夜，過七日以後，見阿彌陀佛，於覺不見，
> 於夢中見之。譬如人夢中所見，不知晝不知
> 夜，亦不知內不知外。……菩薩心當作是
> 念。……是菩薩摩訶薩不持天眼徹視，不持
> 天耳徹聽，不持神足到其佛剎，不於是間，
> 終生彼間佛剎，乃見便於是間坐見阿彌陀
> 佛，聞所說經悉受，得從三昧中悉能具足，
> 為人說之。譬若有人聞墮舍利國中，有婬女
> 人名須門，若復有人聞婬女人阿凡和梨，若
> 復有人聞優陂洹作婬女人，是時各各思念
> 之，其人未曾見此三女人，聞之婬意即為動，

便於夢中各往到其所。是時三人皆在羅閱祇
國，同時念，各於夢中到是婬女人所與共棲
宿，其覺已各自念之（大正一三、九〇五、
a、b）。

由此可知，該經以有人心中愛慕妖艷女子，於
夢中與其女子共宿，醒來之後，仍有所覺為例，來
比喻定中見佛的情形。這對身為儒家文化知識份子
的慧遠來說，似是有很難體會的地方，也就難怪他
要以此就教於鳩摩羅什了。而鳩摩羅什用「以人信
夢故」，來肯定佛所說的比喻，這顯示了中印文化的
相異處。又從他們的問答，我們也可以知道慧遠等
的念佛，是為《般舟三昧經》中所說的念佛。此經
是根據般若思想的初期大乘淨土經典的一種，比淨
土三部經稍早成立。此經的念佛章是說求十方佛國
的現在諸佛空智，精進修道的菩薩求開悟者，不離
其修行之座而得以見佛，親聞佛說法，斷盡疑網，
進入禪定境地的方法，這就是所謂的定中見佛。其
要件是要嚴守教戒，不可有缺失，然後是一日一夜，
或是七日七夜，心中常常憶念西方阿彌陀佛以得三
昧，即是正定。又從《廣弘明集・卷三〇・念佛三

昧詩序》中所云：

> 序曰：念佛三昧者何？思專想寂之謂，思專
> 則志一不撓，想寂則氣虛神朗，氣虛則智恬
> 其照，神朗則無幽不徹，斯二乃是自然之玄
> 符，會一而致用也。……又諸三昧其名甚
> 眾，功高易進，念佛為先。窮玄極寂，尊號
> 如來，神體合變，應不以方❶。

又在《肇論》答劉遺民書中，亦有「威道人至，得
君念佛三昧詠及得遠法師三昧詠及序」（大正四五、
一五五、c）之語，可見慧遠等所修的念佛三昧，確
是般舟三昧見佛之法門。因般舟兩字之義，是對而
近立之意，凡得此三昧者，能見十方諸佛悉近立在
前，善導也說：「立定見諸佛」❷。又從「而是定力
雖未離欲，亦能攝心一處能見諸佛」一語來看，也

❶ 大正五二、二五一、b。又《樂邦文類·卷二·慧
　遠念佛三昧詩序》（大正四七、一六三、c——一六四、
　a）亦同。

❷ 《依觀經等明般舟三昧行道往生讚》（大正四七、
　四四八、b）。

能知道定中見佛之意義，且在此所指的攝心，即是指專注憶念西方阿彌陀佛及其依報世界，所以可以明白慧遠等的念佛，不是後世流傳的稱名念佛，而其所依據的《般舟三昧經》，依學界的研究，是成立於紀元前一世紀，所以此經中有關阿彌陀佛的記述，可是現存阿彌陀佛信仰文獻中最古老的。

二、淨土三經一論

除《般舟三昧經》之外，我們一談到淨土法門，很自然會想到淨土三經一論。淨土三經可說是來自善導的說法。善導在行門方面，提出了正行和雜行二種。其相關內容如下：

言正行者，專依往生經行行者，是名正行，何者是也。一心專讀誦此《觀經》《彌陀經》《無量壽經》等；一心專注思想觀察憶念彼國二報莊嚴；若禮即一心專禮彼佛，若口稱即一心專稱彼佛，若讚歎供養即一心專讚歎供養，是名為正。又就此正中，復有二種：一者一心專念彌陀名號，行住坐臥不問

時節久近念念不捨者，是名正定之業，順彼
佛願故。若依禮誦等，即名為助業。除此正
助二行已外，自餘諸善，悉名雜行（大正三
七、二七二、b）。

　　如上善導提出的正行中，談及一心專注讀誦《觀
無量壽經》、《佛說阿彌陀經》及《無量壽經》。在此
他已標示此三經的特色及與阿彌陀佛信仰的關係。
實際上，此三經確是專述阿彌陀佛信仰的經典。此
中，《無量壽經》是敘說紀元前六世紀，釋迦世尊在
中印度摩揭陀國的都城王舍城的東北方靈鷲山，為
包含憍陳如等五比丘在內的三十一位聲聞眾弟子、
三大菩薩及賢護等十六正士廣說法藏比丘的發願因
緣、淨佛國土的過程、所發的四十八本願、法藏菩
薩的誓願和修行，進而說阿彌陀佛的出現、極樂淨
土的依報莊嚴及往生人即三輩往生的因果、臨終來
迎、往生者的姿態、最後是釋尊對三毒五惡的勸誡
及對彌勒的囑託經典。此經傳入中國之後，前後有
十二種不同的譯本。日本凝然的《淨土法門源流章》，
於教史上首先指出五存七闕之說。關於此十二種譯
本的譯者及存闕情形如下：

　㈠《無量壽經》二卷　安世高譯於西元一四八年　闕

　㈡《無量清淨平等覺經》四卷　支婁迦讖譯於西元一四七一一八六年　存

　㈢《大阿彌陀經》二卷　支謙譯於西元二二三一二二八年　存

　㈣《無量壽經》二卷　康僧鎧譯於西元二五二年　存

　㈤《無量清淨平等覺經》二卷　白延譯於西元二五八年　闕

　㈥《無量壽經》二卷　竺法護譯於西元三〇八年　闕

　㈦《無量壽至真等正覺經》二卷　竺法力譯於西元四一九年　闕

　㈧《新無量壽經》二卷　覺賢譯於西元四二一年　闕

　㈨《新無量壽經》二卷　寶雲譯於西元四二一年　闕

　㈩《新無量壽經》二卷　曇摩密多譯於西元四二四一四四一年　闕

　㈡《無量壽如來會》二卷　唐菩提流支譯於西

元七〇六－七一三年　存

　　㈢《大乘無量壽莊嚴經》三卷　趙宋法賢譯於西元九八〇年　存

　　如上凝然的五存七闕之說，是根據智昇（生歿年不詳）的《開元釋教錄》第十四「此經前後經十一譯，四本在藏七本闕」（大正五五、六二六、c），加上趙宋法賢譯的《無量壽莊嚴經》而來。關於上述《無量壽經》五存七闕譯者的真偽，在學界已先後有望月信亨、椎尾辨匡、境野黃洋等學者的研究報告，今參考坪井俊映的《淨土三部經概說》，略述如下。

　　㈠安世高譯《無量壽經》二卷：

　　境野黃洋、望月信亨、椎尾辨匡、常盤大定等學者，均否定安世高曾作《無量壽經》的翻譯。理由是在古經錄上無此記錄。如此的記錄，最早出現於費長房的《歷代三寶記》，且安世高是位小乘禪觀的修行者，所譯的經典九十一部一百十五卷中，無一部是屬於大乘經典的緣故。

　　㈡支婁迦讖譯《無量清淨平等覺經》二卷：

　　此譯本的譯者，是否為大正藏所傳的，在學界出現了如下二種說法，至今尚未有定論。

a.境野黃洋、常盤大定、望月信亨的竺法護說。

b.椎尾辨匡、泉芳璟、加藤智學的白延說。

㈢支謙譯《佛說阿彌陀三耶三佛薩樓佛檀過度人道經》（一名《大阿彌陀經》）二卷：

學者們對此大致無異議，且將之視為《無量壽經》最古的譯本。

㈣康僧鎧譯《無量壽經》二卷：

學界對此譯本的譯者是誰？有頗多的意見，今陳述於下：

a.作覺賢、寶雲共譯者：有境野黃洋、常盤大定、望月信亨。

b.作竺法護譯者：椎尾辨匡、泉芳璟、野上俊靜。

c.作康僧鎧譯者：加藤智學。

㈤白延譯《無量清淨平等覺經》二卷：

如㈡b所述，現存支婁迦讖譯本，椎尾辨匡、泉芳璟、加藤智學認為是白延所譯。

㈥竺法護譯《無量壽經》二卷：

如㈣b所述，現存康僧鎧譯《無量壽經》，即是此譯本。

㈦竺法力譯《無量壽至真等正覺經》二卷：

此經為七闕之一，加上竺法力在譯經史上無其他譯著的緣故，不太被研究。

㈧覺賢譯《新無量壽經》二卷

㈨寶雲譯《新無量壽經》二卷：

由於寶雲是參與覺賢的譯場，擔任傳語的工作，所以在同一時間、同一場所，兩人各譯出同樣的經典是不太可能的，這是學界一般的看法。

但有如㈣a所說現存康僧鎧譯《無量壽經》即是此譯本的說法。

㈠曇摩密多譯《無量壽經》二卷：

依據《歷代三寶記》、《大唐內典錄》的記載，曇摩密多的譯著中並無此書，故學者認為可能是誤傳。

㈡唐菩提流志譯《無量壽如來會》二卷：

此即《大寶積經》第五會、第十七、八兩卷。

㈢趙宋法賢譯《大乘無量壽莊嚴經》三卷：

此乃漢譯《無量壽經》中，最新的譯本❸。

如上所述漢譯《無量壽經》五存七闕之外，最近日本學者百濟康義氏於《藤田宏達博士還曆記念

---

❸　坪井俊映氏《淨土三部經概說》頁74-77，隆文館，昭和五六、五、二九。

論集インド哲學と仏教》（平樂寺書店，平成元年）中，以〈漢訳「無量壽經」的新異本斷片〉為題，提出漢譯本有六存之說。又藤田宏達氏就此作出此新異本斷片可能是曇摩密多譯的說法❹。今想就此經在漢地流傳的情形作一介紹。如前（見頁37）所述此經的主旨之一：阿彌陀佛的四十八本願。在五存譯本中，支謙譯本及支婁迦讖譯本，是說二十四願，而法賢譯本則談三十六願，餘下的康僧鎧譯本及菩提流志譯本則是完整地敘述四十八本願。如此的現象，正說明了《無量壽經》五存譯本的演變情形，學界把它分成前期、後期二大系統，還有五惡段也只存在於康僧鎧本、支婁迦讖本及支謙本，加上此五惡段或叫三毒五惡段的內容，含有濃厚的儒家、道家思想，甚至於神仙思想也有的緣故，學界裡大都認為是此經傳入漢地之後，被插入附加的文字。今列舉數例於下：

---

❹ 《淨土佛教の思想》頁16-17，講談社，一九九四、九、十四。

大阿彌陀經	平等覺經	無量壽經
念道之自然。	念道之自然。	念道之自然。
可得極長生壽（樂）無有極。	可得極長生壽樂無有極。	可獲極長生壽樂無有極。
神明記識，犯之不貰。	神明記識，犯之不貰。	神明記識，犯之不赦。
在位不正為其所調，妄損忠良賢善，不當天心，甚違道理。	在位不正為其所調，妄損忠良不當天心，甚違道理。	在位不正為其所欺，妄損忠良不當天心。
今世為惡，天神別籍。	今世為惡，天神別籍。	今復為惡，天神剋識，別其名籍。
有其名籍，在神明所。	其有名籍，在神明所。	又其名籍，記在神明。
又復不念，卒報父母之德，亦復不念師之恩好。	又復不念，卒報父母之德，亦復不念師父之恩。	不惟父母之恩，不存師友之義。
不肯慈孝，惡逆天地。	不肯慈孝，惡逆天地。	不仁不順，逆惡天地。
其主上為善，率化撿御其下，教眾輔相敕令，輔共為善，轉相度脫。各自端守，慈仁愍哀，終身不怠，尊聖敬孝，通洞博愛，佛語教令，無敢虧負（大正一二、三一三、b一三一六、b）。	其主上為善，率化撿御其下，教語人民，輔相敕令，轉共為善，轉相度脫。各自端守，慈仁愍哀，終身不殆，尊聖敬孝，通洞博愛，佛語教令，無敢虧負（大正一二、二九五、b一二九八、b）。	主上為善，率化其下，轉相敕令，各自端守，尊聖敬善，仁慈博愛，佛語教誨，無敢虧負（大正一二、二七五、c一二七七、c）。

從以上古譯三本摘出的文句來看，可以知道其三譯本的文句非常類似，幾乎是出自同一人的手筆，而且不像是翻譯的。又從其所使用的語彙，如慈孝、尊聖敬孝等，表示了儒家倫理的精神。又如自然、長生等，是表徵道家思想的辭句。又如天神別籍、其有名籍在神明所等，顯然是屬於神仙思想的文句。基於此，學界一般認為五惡段，是中國人附加上去的❺，而且藤田氏主張五惡段說的首創者，就是《大阿彌陀經》的譯者吳支謙❻。此研究成果如果是無誤的話，則《無量壽經》傳入漢地之後，逐漸地被漢化一事，即可獲得證實。

從《無量壽經》五存七闕譯者真偽的研究報告中，支謙譯本是最古的說法來看，《無量壽經》傳入中國應是紀元二二三年至二二八年之間。不過彌陀淨土教義的傳入，要比這個年代早。這是因為《般

---

❺ 大正一二、二七五、c－二七七、c。

《荻原雲來文集》頁 253，望月信亨氏《仏教經典成立史論》頁 398，津田左右吉氏《シナ（支那）佛教の研究》頁 84–87。以上參考藤田氏前揭書頁 205。

❻ 藤田氏前揭書頁202–205。

舟三昧經》是支婁迦讖，於後漢光和二年（西元一
七九年）譯出；又如前述此經云：「若沙門白衣所聞
西方阿彌陀佛剎，當念彼方佛，不得缺戒，一心念，
若一晝一夜，若七日七夜……。」的緣故。

　　繼《無量壽經》之後，鳩摩羅什先後於西元四
〇二－四〇五年之間譯出《大智度論》，及於四〇九
年或四一三年譯出《十住毘婆娑論》。此二部論，均
是龍樹的著作。

　　在《十住毘婆娑論》中，談及修行有難易二道，
且將彌陀淨土歸屬於易行道。其相關文字如下：

　　　　佛法有無量門，如世間道有難有易。陸道步
　　　　行則苦，水道乘船則樂，菩薩道亦如是。或
　　　　有勤行精進，或有以信方便易行，疾至阿惟
　　　　越致者。如偈說……若人疾欲至不退轉地
　　　　者，應以恭敬心，執持稱名號（大正二六、
　　　　四一、b）。
　　　　更有阿彌陀等諸佛……是諸佛世尊現在十
　　　　方清淨世界，皆稱名憶念，阿彌陀佛本願如
　　　　是。若人念我稱名自歸，即入必定得阿耨多
　　　　羅三藐三菩提，是故常應憶念（大正二六、

四二、c—四三、a)。

又《大智度論》卷九中有云:

> 復有一國,有一比丘誦《阿彌陀佛經》及摩
> 訶般若波羅蜜。是人欲死時,語弟子言,阿
> 彌陀佛與彼大眾俱來,即時動身自歸。須臾
> 命終,弟子積薪燒之。明日灰中見舌不燒,
> 誦《阿彌陀佛經》故(大正二五、一二七、
> a)。

又如前述該論卷九二有云:

> 如是等佛土莊嚴,名為淨佛土,如阿彌陀等
> 諸經中說。

如此龍樹的著作中,頻頻出現彌陀淨土的教義,
而龍樹是位集般若思想大成的人物的緣故,我們再
次可以了解彌陀淨土教義與般若系統的關連。不僅
如此,在屬於唯識系統的人物中,有如世親者著《往
生論》(原名《無量壽經優婆提舍》)一書,專門闡

述彌陀淨土。以偈頌與長行並用的體裁，敘述觀察淨土依正二報的莊嚴功德；願與諸眾生往生安樂國的往生意願。在行門方面，此論則揭出禮拜門、讚歎門、作願門、觀察門、迴向門的五念門。根據《續高僧傳》卷六〈曇鸞傳〉，此論是曇鸞於梁大通年間（西元五二七－五二八年），在洛陽，遇到菩提流支，向其請教佛法中長生不死之法時，菩提流支傳授給曇鸞的。曇鸞因此歸信彌陀淨土，並著有《往生論註》一書流傳後世。由於曇鸞在此以前是窮研龍樹佛教系統的《中論》、《百論》、《十二門論》及《大智度論》，又兼學曇無懺系統經典的學僧（大正五〇、四七〇、a、b）的緣故，在淨土教史上他首先根據《十住毘婆娑論》即《華嚴經》十地品的釋論，提出了如下主張：

> 謹案龍樹菩薩十住毘婆娑云：菩薩求阿毘跋致有二種道。一者難行道，二者易行道。難行道者，謂於五濁惡世，於無佛時，求阿毘跋致為難。此難乃有多途，粗言五三以示意義。一者外道相善，亂菩薩法；二者聲聞自利障大慈悲；三者無顧惡人，破他勝德；四

者顛倒善果，能壞梵行；五者唯是自力，無
他力持。如斯等事，觸目皆是，譬如陸路，
步行則苦。易行道者，謂但以信佛因緣，願
生淨土，乘佛願力，便得往生彼清淨土，佛
力住持即入大乘正定之聚，正定即是阿毘跋
致，譬如水路，乘船則樂，此無量壽經優婆
提舍，蓋上衍之，極致不退之風航者也（大
正四〇、八二六、a、b）。

　　由此主張，可以看出曇鸞將世親的《往生論》，
奉為易行道的圭臬，而從易行道所云：「但以信佛因
緣，願生淨土，乘佛願力，便得往生彼清淨土，佛
力住持即入大乘正定之聚」來看，本是泛指一切諸
佛而言，但經由曇鸞的揭示，似有易行道者，彌陀
本願也的意思。如此的宣示，對後世的道綽、善導
都有巨大的影響，也奠定了《往生論》在彌陀淨土
教史上三經一論的地位。又從曇鸞是依據三經來解
釋《往生論》一事來看，在曇鸞的時代，三經可能
很流傳，也可以說在隋唐以前，三經是淨土教所依
的經典。

　　三經中的《阿彌陀經》，有如下三種譯本：

㈠姚秦鳩摩羅什譯本，於後秦弘始四年（西元四〇二年）譯出，現存。

㈡劉宋求那跋陀羅譯本，於孝建年中（西元四五四─四五六年）譯出，佚傳。

㈢唐玄奘譯本，於永徽元年（西元六五〇年）譯出，現存。

鳩摩羅什譯本，經名為《佛說阿彌陀經》，是淨土三經中文字最短，文句最為流暢通順，善導為使它更加流通，親自書寫十萬餘卷，以供人作為讀誦之用❼。自此以來直至今日，它常被用來讀誦、書寫供養，因此廣泛地流布於世間。

鳩摩羅什出身於以說一切有部為國教的龜茲國，母親是當時國王的妹妹名為耆婆，父親鳩摩炎是亡命到龜茲國的印度貴族。羅什七歲出家，年輕時留學於迦濕彌羅國，後捨小乘學大乘佛教，特別是傾倒於以《般若經》思想為中心的龍樹佛教。如前述（見頁83-84）在他所翻譯的龍樹著作中《大智度論》、《十住毘婆娑論》都談及阿彌陀淨土教，我們也就不難想像他之所以翻譯《阿彌陀經》的緣

---

❼　《樂邦文類‧卷三‧蓮社繼祖五大法師傳》（大正四七、一九二、c）。

由。不過除了經論的因素外，鳩摩羅什遭逢了祖國龜茲的滅亡，在被迫前往長安的途中，又因淝水之戰前秦亡國，使他在甘肅度過了十餘年的歲月，受到了呂光並不太尊重的人生歷程。如此的人生閱歷，可能增長厭穢欣淨的宗教情懷，而對強調厭離穢土的娑婆，欣慕極樂淨土的經典，特別注目吧！

　　在鳩摩羅什譯出此經之後五十年，劉宋求那跋陀羅於孝建年中（西元四五四—四五六年）譯出❽。至於第三種譯本，依據《開元釋教錄》第八云：

　　　　見內典錄第三出與羅什《阿彌陀經》等同本，永徽元年正月一日於大慈恩寺翻譯，沙門大乘光筆受（大正五五、五五五、c）。

由此可知玄奘譯《稱讚淨土佛攝受經》一卷，是於永徽元年（西元六五〇年）正月一日，在大慈恩寺翻譯的。但是玄奘譯本，距離如上二譯本，有二百年之久，此時淨土一詞已成為極樂世界的專有代名

---

❽　《小無量壽經》一卷第二出，與羅什阿彌陀及唐譯稱讚淨土同本（《開元釋教錄》第五，大正五五、五二八、b）。

詞的時代,故玄奘也就以淨土來作為經題的名字了。

在《阿彌陀經》之後譯出的,是《觀無量壽經》一卷。依《開元釋教錄》第五,則有如下二種:

㈠畺良耶舍譯:

《觀無量壽佛經》一卷(以下簡稱《觀經》)亦云:《無量壽觀經》初出見道慧《宋齊錄》及《高僧傳》(大正五五、五二三、c)。

㈡曇摩蜜多譯:

第二出與畺良耶舍出者同本,見《寶唱錄》(大正五五、五二四、b)。

在《開元錄・畺良耶舍傳》云:「沙門寶誌崇其禪法,沙門僧含請譯《觀無量壽》及《藥王藥上觀》,含即筆受,以此二經是淨土之洪因,轉障之祕術故。」而在梁慧皎《高僧傳》中確實有同樣的文字記載(大正五〇、三四三、c),可見畺良耶舍曾譯《觀經》。又依《高僧傳》中所云:「以元嘉之初(西元四二四年)遠昌沙河,萃于京邑。太祖文皇深加歎異,初止鍾山道林精舍,沙門寶誌崇其禪法……」來看,畺良耶舍是於西元四二四年,在鍾山道林精舍翻譯此經的。至於曇摩蜜多譯《觀經》一事,可能是誤傳。何以故?因為《開元錄》是依《寶唱錄》,而此

錄已佚傳，同時《寶唱錄》是僧祐的弟子寶唱根據天監十七年（西元五七一年）《華林佛殿經目錄》增減編成的著作，但僧祐的《出三藏記集》中，並無曇摩蜜多譯此經的記錄。又《高僧傳‧曇摩蜜多傳》中，也無此記載的緣故。因此《觀經》的譯者，應是畺良耶舍一人而已。

此經譯於五世紀，卻盛行於六、七世紀。在此時代中，先後有隋代地論宗的淨影寺慧遠（西元五二三－五九二年）、三論宗的吉藏（西元五四九－六二三年）著解《觀經》。尤其是到了道綽的時代，他自四十八歲皈信淨土，至其八十四歲圓寂為止，講《觀經》二百遍之多。善導也為此經著作了四卷的注疏，由此可知此經在六、七世紀時，所受到的重視了。

本經是以王舍城悲劇為緣起，釋尊為韋提希夫人宣講十三觀及三輩九品往生之事為主旨。所謂王舍城悲劇，是當時釋尊與千二百五十位弟子、三萬二千菩薩住在摩揭陀國首都王舍城東北的耆闍崛山（別名靈鷲山），釋尊正在為眾弟子說法時，在王舍城的皇宮發生了皇太子阿闍世，受了惡友提婆達多的煽動，幽禁父王頻婆娑羅王，並企圖讓父王餓死

以便自己成為國王。當時母后韋提希夫人，唯恐頻婆娑羅王餓死，遂於自己淨身之後，將麨蜜塗於身，葡萄酒裝入頭上寶冠中，利用探訪頻婆娑羅王時，讓他進食。另一方面，釋尊也滿足國王的心願，每日派遣目犍連潛入密室為王傳授八關齋戒，富樓那為王說法。因此頻婆娑羅王得以養色身，長慧命，故顏色和悅。然而一心希望父王餓死的阿闍世太子，見父王過了三七日仍然健在，在探知詳情之後，勃然大怒，要以利劍刺殺母后。在經二位朝廷大臣月光、耆婆的勸諫之後，雖打消了殺母的意念，但仍然將母后幽閉在宮內。韋提希夫人遭受如此的境遇，在悲痛欲絕時，蒙釋尊現身為其說極樂世界阿彌陀佛依正二報莊嚴，並勸勉韋提希「諦觀彼國淨業成者」。

釋尊首先開示說往生淨土，當修三福即三淨業。此三淨業內容如下：

㈠孝養父母，奉事師長，慈心不殺，修十善業。

㈡受持三歸，具足眾戒，不犯威儀。

㈢發菩提心，深信因果，讀誦大乘，勸進行者。

此中，十善業者，不殺生、不偷盜、不邪淫、不妄言、不惡口、不兩舌、不綺語、不貪、不瞋、

不痴。加上孝養父母、奉事師長，如此的行為可說是屬於行善的方面，有強調世間功德的意思。而第二項的三歸，即是三歸依，內容是歸依佛、歸依法、歸依僧。歸依佛兩足尊，歸依法離欲尊，歸依僧眾中尊。此中，兩足尊是福德、智慧兩種具足圓滿的意思。至於離欲尊，則是強調在現實生活中，遠離欲望，尤其是財色名食睡五欲塵勞的束縛。而眾中尊，是以僧伽和合的特色，作為祥和社會的指標。

由於三歸是一切教戒的根本，故任何教戒在傳授之前，一定得先受三歸。而佛教所說的教戒，包括了五戒、八關齋戒、沙彌沙彌尼十戒、比丘比丘尼的具足戒等，因在教團的身份不同，而有該持守的教戒。不過無論教戒的種類，它們之間有其共通根本的戒，這即是四根本大戒，內容是不殺害、不偷盜、不邪淫、不妄語。其主要理念，是在於止惡行善，也就是諸惡莫作、眾善奉行。這也顯示了，第二項淨業的層次，比第一項高了一層，由行善向前推進一步到止惡的地步。

第三項淨業，是從發菩提心開始。菩提心就是覺心、道心，所以發菩提心，也就是主動地產生要體證、覺悟真理的心。這個真理，在佛教來說就是

緣起法。佛教看這個大宇宙的任何現象，都是「此有故彼有，此生故彼生；此無故彼無，此滅故彼滅」。它絕對不能脫離緣聚則生，緣散則滅的法則。在體證萬事萬物是因緣所生法時，自然深信因果，知道種瓜得瓜種豆得豆，自業自得的道理，平時能謹言慎行，並借重讀誦大乘佛教的經典，提高自己的警覺性，自己反省檢討，以勵自己，增長福慧。如此看來，第三項的淨業，其目標更往上進了一層，由世間法進向出世間的解脫法門。

以上三福是三世諸佛淨業正因，釋尊除了教欲往生淨土者奉行外，又告訴韋提希當修十三種觀法，此十三觀，也叫定善十三觀。其內容是日想觀、水想觀、寶地觀、寶樹觀、寶池觀、寶樓觀、華座觀、像想觀、真身觀、觀音觀、勢至觀、普觀、雜想觀。

定善十三觀，是為諦觀攝心，釋尊繼之為散亂心凡夫說上輩、中輩、下輩的散善九品，為遇大乘、小乘教理及惡法凡夫，別說往生淨土的方法，勸導往生。致於三輩九品往生的實景，可參考上篇第四章四十八本願及三輩九品往生的部份。但如前所敘述，下輩往生者需值遇善知識為其說法，並且至少要具足十念念「南無阿彌陀佛」，方可滅罪往生的經

文，對日後中國彌陀淨土教的發展，產生了決定性
的影響。

第二章　聖道門與淨土門

　　談到中國彌陀淨土教的形成，不得不將焦點集中於曇鸞、道綽、善導三大師的身上。在一般來說，是視廬山慧遠為初祖，但實際上形成中國彌陀淨土教的，並不是慧遠，這從以下敘述的中國彌陀淨土教信仰的教理即可明白。首先來介紹聖道門與淨土門的樹立。歷史上確立聖道門與淨土門者，是道綽的《安樂集》，而它源自何處呢? 要瞭解它，我們必須先來看道綽的主張。《安樂集》云:

> 依大乘聖教，良由不得二種勝法，以排生死，是以不出火宅。何者為二: 一謂聖道; 二謂往生淨土。其聖道一種，今時難證。一由去大聖遙遠，二由理深解微。是故《大集月藏經》云: 我末法時中，億億眾生起行修道，未有一人得者。當今末法，現是五濁惡世，唯有淨土一門，可通入路 (大正四七、一三、

c）。

又云：

> 辨經住滅者，謂釋迦牟尼佛一代正法五百
> 年，像法一千年，末法一萬年，眾生滅盡諸
> 經悉滅，如來悲哀痛燒眾生，特留此經止住
> 百年（大正四七、一八，b）。

根據上文來分析，可以知道道綽認為了生死有二種勝法。此二種勝法，即是聖道門及淨土門。但是聖道門是難證的，其理由是在時間上來說，我們距離佛在世的時代太遙遠了，加上佛教教義太深奧不容易理解的緣故。反而是淨土門較易產生效果，理由是身處末法時代五濁惡世的緣故。在此有二件值得探討的想法，一是難行易行；二是現今乃末法時代。

關於難行易行，是指修行的效果有難易之分，如此的說法，源自《十住毗婆娑論》，這已在頁83中已談及，在此為說明上的方便，再次引述如下：

佛法有無量門，如世間道有難有易。陸道步
行則苦，水道乘船則樂，菩薩道亦如是。或
有勤行精進，或有以信方便易行，疾至阿惟
越致者。如偈說……若人疾欲至不退轉地
者，應以恭敬心，執持稱名號……更有阿彌
陀等諸佛……是諸佛世尊現在十方清淨世
界，皆稱名憶念，阿彌陀佛本願如是。若人
念我稱名自歸，即入必定得阿耨多羅三藐三
菩提，是故常應憶念（大正二六、四一、b
─四三、a）。

以上是龍樹菩薩就無量法門判為難易二種，並提出
信方便易行，是執持稱名號，且舉阿彌陀佛的本願
為例。如此的說法影響了曇鸞，曇鸞在《往生論註》
（原名《無量壽經優婆提舍願生偈註》）中將它闡釋
云：

謹案龍樹菩薩十住毘婆娑云：菩薩求阿毘跋
致有二種道。一者難行道，二者易行道。難
行道者，謂於五濁惡世，於無佛時，求阿毘
跋致為難。此難乃有多途，粗言五三以示義

意。一者外道相善，亂菩薩法；二者聲聞自
利障大慈悲；三者無顧惡人，破他勝德；四
者顛倒善果，能壞梵行；五者唯是自力，無
他力持。如斯等事，觸目皆是，譬如陸路，
步行則苦。易行道者，謂但以信佛因緣，願
生淨土，乘佛願力，便得往生彼清淨土，佛
力住持即入大乘正定之聚，正定即是阿毘跋
致，譬如水路，乘船則樂，此無量壽經優婆
提舍，蓋上衍之，極致不退之風航者也（大
正四〇、八二六a、b）。

　　由上文可知曇鸞將《十住毘婆娑論》中的「法
門有難有易」，闡釋為欲得阿毘跋致即不退轉的法門
有難行道及易行道。且把易行道定義為「以信佛的
因緣（當指佛的本願），願生淨土，乘佛願力，便得
往生彼清淨土，佛力住持即入大乘正定之聚，得不
退轉」。又把世親著《無量壽經優婆提舍》，即《往
生論》作為易行道的指南，而此論，就如頁84所述，
是屬於專門闡述彌陀淨土的論典。如此的看法，到
了道綽就將之視為聖道門及淨土門，且強調身居末
法的凡夫，唯有淨土一門才可獲救。在此值得注目

的，是道綽的修持觀，多了時間的因素，這時間的因素，就是所謂身處末法時代，也就是身感末法時代已經來臨了。在此說的末法時代，就是佛教時代觀中的末法。所謂佛教時代觀，就是如頁94《安樂集》中說的正法、像法、末法三個時代。如此的時代觀，可見於《大智度論》卷二「佛之正法五百歲而衰」（大正二五、六八、a）、《大方等大集經》卷五六「今我涅槃後，正法五百年，……像法住於世，限滿一千年」（大正一三、三七九、c）。尤其在北印度烏場國出身，身居北齊昭玄統之職的那連提耶舍（Narendrayaśas 西元四九〇—五八九年、八、二九），於西元五六六年所譯出的《大集月藏經》傳入中國之後，其中第十二分布閻浮提品第十七的佛教歷史觀，對當時佛教界產生了巨大的影響。其佛教史觀的內容如下：

　　了知清淨士若我住世諸聲聞眾、戒具足、捨具足、聞具足、定具足、慧具足、解脫具足、解脫知見具足。我之正法熾然在世，乃至一切諸天人等，亦能顯現平等正法，於我滅後五百年中，諸比丘等猶於我法解脫堅固，次

五百年我之正法禪定三昧得住堅固，次五百
年讀誦多聞得住堅固，次五百年於我法中多
造塔寺得住堅固，次五百年於我法中鬥諍言
頌白法隱沒損減堅固（大正一三、三六三、
a、b）。

由於那連提耶舍親身經歷過西北印度犍陀羅
國，於六世紀被嚈噠族（Ethalit，伊朗系）消滅，
迦濕彌羅國亦受到其攻擊的悲慘遭遇。當他六十七
歲天保七年（西元五五六年）抵達北齊的鄴都（即
河南省臨漳縣）。於天平寺譯經的生涯中，在西元五
六六年譯出了《大集月藏經》。此經與他五五八年譯
出的《大悲經》相互呼應，促使南岳慧思（西元五
一五一五七七年）在「立誓願文」中，首先提出了
正法、像法、末法的三時觀❶，或許道綽的佛教史
觀是受了慧思的影響，總而言之，當時的佛教界已
普遍認識到末法時代已經來臨是不爭的事實，而且
認為北齊滅亡之西元五七六年為佛滅後一四六五

❶ 藤善真澄氏「末法家としての那連提黎耶舍——周
　隋革命と德護長者經——」（《東洋史研究》四六之
　一，昭和六二、六、三〇）。

年，正值末法時期。道綽在如此的背景下，將末法
思想與淨土法門連繫在一起，自然地就提出了「現
是五濁惡世，唯有淨土一門，可通入路」的主張。
這是道綽有感於吾等凡夫在五濁惡世，身處末法時
代修行不易，需要選擇契合我們根機的法門，也就
是說修行的法門，要與時代及人類自身的資質相契
合，才能達到事半功倍的效果。道綽如此的思想，
是根據《坐禪三昧經》中說的：

> 行者定心求道時，常當觀察時方便；
> 若不得時無方便，是應為失不為利；
> ……
> 如鑽濕木求出火，火不可得非時故；
> 若折乾木以求火，火不可得無智故。❷

而道綽在引用上文之前，曾作了如下的闡釋：

> 明教興所由，約時被機，勸歸淨土者，若教
> 赴時機易修易悟，若機教時乖，難修難入（大

❷　大正一五、二八五、c。
　《安樂集》卷上（大正四七、四、a、b）。

正四七、四、a)。

由此，可以知道道綽視《坐禪三昧經》中的「時方便」為時機，強調眾生的根機，所能接受的教理必須符合時代的實況。由於身感末法時代已來臨，眾生根機劣弱，所以強調採用，即使造五逆十惡的人也不捨棄的彌陀淨土法門，這從他引用《大集月藏經》的佛教史觀，擅改其中的關鍵文字也可窺知。在此先來看《安樂集》的引文，其引文如下：

> 是故《大集月藏經》云：佛滅度後第一五百年，我諸弟子學慧得堅固，第二五百年學定得堅固，第三五百年學多聞讀誦得堅固，第四五百年造立塔寺修福懺悔得堅固，第五五百年白法隱滯多有諍訟，微有善法得堅固。又彼經云：諸佛出世有四種法度眾生，何等為四？一者口說十二部經，即是法施度眾生；二者諸佛如來，有無量光明相好，一切眾生但能繫心觀察無不獲益，是即身業度眾生；三者有無量德用神通道力，種種變化，即是神通力度眾生；四者諸佛如來有無量名號，

若總若別，其有眾生繫心稱念，莫不除障，獲益皆生佛前，即是名號度眾生。計今時眾生，即當佛去世後第四五百年，正是懺悔修福，應稱佛名號時。若一念稱阿彌陀佛，即能除卻八十億劫生死之罪，一念既爾，況修當念，即是恆懺悔人也（大正四七、四、b）。

若將此文與頁99-100所引的原文對照時，可以發現道綽在《大集月藏經》的「次五百年於我法中多造塔寺得住堅固」上多加了「修福懺悔」。又在詮釋時，提出了「今時眾生，即當佛去世後第四五百年，正是懺悔修福，應稱佛名號時。」這顯示了道綽的修行觀，同時也揭示了末法時代淨土法門的內容，特別是關係到後世懺悔滅罪與助念往生的信仰。

第三章　懺悔滅罪與念佛滅罪

《大集月藏經》中所敘述的第四五百年佛教教團動向的特徵，是多造塔寺。然而教界內多造塔寺，對整個僧團並非帶來正面的影響，這看如下敦煌出土的《像法決疑經》，就可窺知一、二。

> 善男子我滅度已千年後，惡法漸興，千一百年後，諸惡比丘、比丘尼遍閻浮提，處處充滿，不修道德多求財物，專行非法，多畜八種不淨之物。身無十德，畜二沙彌，未滿十臘，已度沙彌。以是因緣，一切俗人輕賤三寶。從是已後，一切道俗競造塔寺供養三寶，而於三寶不生敬重。……（大正八五、一三三七、b）。

從上文，可以看出像法時代教界的現象，而這些現象顯示了末法時代教團腐敗的情形，如此的情

形，可能是反映了當時的敦煌或中亞一帶佛教教團
的現況。而道綽的末法修行觀，也可能告訴我們當
時北方佛教信仰的流向。值得我們注目的，是末法
時代要「修福懺悔」，且應「稱佛名號」，並強調稱
佛名號的功德。他說的「若一念稱阿彌陀佛，即能
除卻八十億劫生死之罪」，是出自《觀經》下品下生，
道綽引用它，來證明他的念佛滅罪觀。當然念佛滅
罪的思想是出自《觀經》下品往生段。如上生段的
「智者復教合掌叉手，稱南無阿彌陀佛，稱佛名故，
除五十億劫生死之罪」；下生段的「如是至心令聲不
絕，具足十念稱南無阿彌陀佛，稱佛名故，於念念
中除八十億劫生死之罪。」原本《觀經》所說的念佛
滅罪，是如頁56、63敘述過的，是對平素造十惡犯
五戒的人開啟的慈悲之門，但道綽將之融於懺悔滅
罪的信仰潮流中，此點是值得注目的。因為它顯示
了懺悔滅罪的信仰，在這個時代甚為流行的現象，
同時懺悔滅罪的思想，直到今日仍存在於臺灣佛教
的信仰世界的緣故。

要了解懺悔滅罪在這個時代流行的樣子，在此
可先來看敦煌寫本北八三七四（宿99）、達磨論（s
ch三三七五，s ch七一五七同）中所云的：

若欲正心時，不畏一切法，不求一切法，若用法佛修道者，心如石頭，冥冥不覺不知，不分別一切，騰騰如似痴人。何以故？法無覺知故，法能施我無畏故，是大安隱處。譬人有人犯死罪，必合斬首，值王放赦，即無死憂畏憂，眾生亦如是，造作十惡五逆，必墮地獄，法王放大寂滅赦，即免一切罪。

此中「法王放大寂滅赦，即免一切罪」，可能是基於《法華經》譬喻品「我為法王，於法自在；安隱眾生，故現於世」（大正九、一五、b）而發展出來的吧！又在敦煌出土的《法王經》中有云：

爾時一闡提因佛聞法，於一念中心生慚愧，欲問如來懺悔之法；心懷慚愧不能發問，如來神通即知其意。欲令是人離諸苦惱出地獄門苦，語虛空藏菩薩言：於我涅槃後，若有闡提之人多作惡業，滅佛三寶，謗正法作五逆，必當墮落於諸地獄，乃至十二大劫，由不得出。汝等菩薩當發慈心，令此眾生發露懺悔皆得解脫。虛空藏菩薩白佛言：世尊作

何法悔而得罪除，願佛慈悲為分別說。佛言：
菩薩若欲懺悔，當觀實諦，若見實諦，諸罪
悉除。……。

多欲！佛性如瓦，眾生性如器，是生滅法，
若離諸業即是佛身，觀一佛身即無他業。多
欲白佛言：世尊我觀實諦諸罪已滅，復作何
業而生法身。佛告多欲：若觀實諦諸病不起，
罪垢俱息，心如金剛必竟不壞，善能持戒，
心如虛空內外清淨，善入禪聚，心如風火，
諸行悉散。善依智慧，即名解脫。以解脫故，
則能知見。多欲！汝能修行是事，即得五分
法身。多欲白佛言：世尊五分法身有何因果？
佛言：多欲！佛性常因，法身常果，何以故？
因心佛性緣得果，離因離果則無因果，若無
因果是佛真身。多欲！於心淨國，當住寂淨，
當觀實念，則此念中生淨國，可為眾生如如
說法，入心真空，離諸動說，三識一性，金
剛不壞（大正八五、一三八七、a-c）。

此《法王經》首先出現於《大周刊定目錄》的
偽經目錄，也被收錄在《開元釋教錄》中。前者是

唐明佺（西元？一六九五年）撰於唐天冊萬歲元年
（西元六九五年），後者是唐智昇（西元六六八一七
四〇年）所撰，時間是唐開元十八年（西元七三〇
年）。由此可知《法王經》是成立於西元六九五年以
前，比善導的時代遲十餘年。而且此中所言及「若
欲懺悔，當觀實諦」及「令諸眾生離煩惱故，出地
獄苦生淨土故」（大正八五、一三八四、c）、「於心
淨國，常住寂淨，當觀實念，則此念中生淨國」。又
《歷代法寶記》中無住言：「若欲懺悔者，端坐念實
相」（大正五一、一九五、b）。由以上諸文來看，
很顯然地「若欲懺悔，當觀實諦」，是屬於禪宗的懺
悔滅罪思想。但是「出地獄苦生淨土」及「於心淨
國，常住寂淨，當觀實念，則此念中生淨國」諸語，
又很清楚地告訴我們，那是淨土的思想，甚至可說
是禪淨融合的作品。

又智昇著有《集諸經禮懺儀》卷上，有如下懺
悔的文字：

> 普為四恩三有法界眾生，斷除三障，歸命懺
> 悔。如是等一切世界，諸佛世尊常住在世，
> 是諸世尊，當慈念我，（當）憶念我，當證

知我。若我此生，若我前生，從無始生死已來，所作眾罪，若自作，若教他作，見作隨喜。若塔若僧，若取四方僧物，若自取，若教人取，見取隨喜。若作五逆無間重罪，若自作，若教他作，見作隨喜。十不善道，自作教他，見作隨喜。所作眾罪，或有覆藏，或不覆藏，應墮地獄、餓鬼、畜生諸餘惡趣，邊地下賤及篾戾車，於如是等處，所作罪障，今皆懺悔。今諸佛世尊，當證知我，當憶念我，我復於諸佛世尊前，作如是言，若我此生，若於餘生，曾行布施，或守淨戒，乃至施與畜生一摶之食，或修淨行所有善根，成就眾生；所有善根，修行菩提；所有善根，求無上智；所有善根，一切合集，計校籌量，悉皆迴向阿耨多羅三藐三菩提，如過去未來現在諸佛所作迴向，我亦如是迴向。眾罪皆懺悔，諸福盡隨喜，及請佛功德，願成無上智，去來現在佛，於眾生最勝，無量功德海，歸依合掌禮（大正四七、四五七、a、又四六四、c—四六五、a亦同）。

這段懺悔滅罪的文字，雖與彌陀淨土信仰無直接關係，但可證明懺悔滅罪的信仰，在當時的佛教界普及的情況。此外，值得先提一下的，是此段文字，明末蓮池袾宏（西元一五三五—一六一五年）在他所編《諸經日誦》中，以「懺悔文」之名，列於晚課的項目中。如此的宗教行儀，直至今日臺灣佛教界仍在奉行著，只是一般稱之為「八十八佛懺悔文」。

如上所述，在隋唐時代懺悔滅罪的信仰，普及於當時的佛教界，無論是禪宗或是彌陀淨土的教團。尤其是後者，在道綽的時代是如此，之後以善導為中心的彌陀淨土教團，由於受到《觀經》念佛滅罪思想的影響，加上道綽、善導個人的宗教修持觀，遂使懺悔滅罪與淨土法門，融合在一起。在此將善導的著作《觀無量壽佛經疏》（以下略稱《觀疏》）裡，與懺悔滅罪有關的文字陳述於下：

㈠如來以見眾生罪，故為說懺悔之方（大正三七、二六○、b）。

㈡表白諸佛一切賢聖向佛形像，現在一生懺悔無始已來，乃身口意業所造十惡五逆四

重謗法闡提等罪，極須悲涕雨淚，深生慚愧，內徹心髓，切骨自責。……唯須勤心懺悔，日夜三時六時等，但憶得即懺者最是上根上行人也（大正三七、二六二、a）。

㈢欲作法者，諸行者等先於佛像前，至於懺悔，發露所造之罪，極生慚愧，悲泣流淚，悔過既竟。又心口請釋迦佛十方恆沙等佛，又念彼彌陀本願言：弟子某甲等生肓罪重，障隔處深，願佛慈悲，攝受護念，指授開悟。所觀之境，願得成就，今頓捨身命，仰屬彌陀，見以不見，皆是佛恩力，道此語已更復至心懺悔竟已（大正三七、二六六、b）。

除《觀疏》外，在善導的著作中，以宗教儀式來表達懺悔的，還可列舉於下：

㈠《轉經行道願往生淨土法事讚》（以下稱《法事讚》）是以持誦《佛說阿彌陀經》為中心、繞佛、散花、唱讚歌、禮拜懺悔罪障、念佛等的宗教儀禮。此中懺悔之文占有三分之二，在此舉一文陳述於下：

唯願十方三寶法界眾生，發大慈悲，廣大慈
悲不計我惡，如草覆地，布施歡喜，受我懺
悔，憶我清淨，唯願不捨慈悲攝受我等。已
作之罪願除滅，未起之罪願不生，已作之善
願增長，未作之善方便令生。願從今日乃至
不起忍已來，誓共眾生捨邪歸正，發菩提心，
慈心相向，佛眼相看，菩提眷屬，真善知識，
同生淨土，乃至成佛。如是等罪，永斷相續
不敢覆藏（大正四七、四三〇、b）。

　　㈡《觀念阿彌陀佛相海三昧功德法門》（以下稱
《觀念法門》），是部依《觀無量壽經》、《般舟三昧
經》及《觀佛三昧海經》等的經典，作觀佛三昧法
和念佛三昧法的實踐，又引證許多的經典，自己嚴
厲地告白懺悔一切罪過的著作，其中分有四大部份，
即：
　　⑴依《觀經》明觀佛三昧法一。
　　⑵依《般舟經》明念佛三昧法二。
　　⑶依經明入道場念佛三昧三。
　　⑷依經明道場內懺悔發願法四（大正四七、二
二、b）。

此中有關懺悔滅罪之文，不勝枚舉，僅列數文
於下：

㈠助同懺悔，必令罪滅（大正四七、二四、
b）。

㈡如《觀佛三昧海經》說……像法住世時有
四比丘破戒犯重，時空王佛於夜空中，出聲
告四比丘言，汝之所犯名不可救，欲滅罪者，
可入我塔中觀我形像至心懺悔，可滅此罪。
時四比丘萬事俱捨，一心奉教，入塔於佛像
前自撲懺悔，如大山崩，婉轉於地，號哭向
佛，日夜相續，至死為期，捨命已後得生空、
生佛國。今以此經證，行者等欲懺悔時，亦
依此教法門（大正四七、二九、b、c）。

㈢《往生禮讚偈》中亦云：

或對四眾，或對十方佛，或對舍利尊像大眾，
或對一人，或獨自等，又向十方盡虛空三寶，
及盡眾生界等，具向發露懺悔。懺悔有三品
上中下，上品懺悔者，身毛孔中血流，眼中

血出者，名上品懺悔。中品懺悔者，遍身熱汗從毛孔出，眼中血流者，名中品懺悔。下品懺悔者，遍身徹熱，眼中淚出者，名下品懺悔。此等三品雖有差別，即是久種解脫分善根人，致使今生敬法重人，不惜身命，乃至小罪若懺，即能徹法徹髓。能如此懺者，不問久近，所有重障頓皆滅盡，若不如此，縱使日夜十二時急走，眾（終?）是無益，若不作者。應知雖不能流淚流血等，但能真心徹到者，即與上同（大正四七、四四七、a）。

由以上諸資料，可以證明，善導繼道綽之後，將懺悔滅罪的信仰，融入彌陀淨土法門，如此的信仰形態，影響後世極為深遠。尤其是到了宋代慈雲遵式（西元九六四——一○三二年）以修拜懺念佛著名，他先後著有《往生淨土決疑行願二門》及《往生淨土懺願儀》來闡揚它。前者的行願門就分有四門，即㈠禮懺門㈡十念門㈢繫緣門㈣眾福門。此中禮懺門之懺悔文如下：

至心懺悔，我弟子某甲及法界眾生，從無始
世來，無明所覆，顛倒迷惑，而由六根三業
習不善法，廣造十惡及五無間一切眾罪，無
量無邊說不可盡。十方諸佛常在世間，法音
不絕，妙香充塞，法味盈空放淨光明照觸一
切，常住妙理遍滿虛空。我無始來六根內盲，
三業昏闇，不見不聞，不覺不知，以是因緣，
長流生死，經歷惡道，百千萬劫永無出期。
……今始覺悟，今始改悔，奉對諸佛彌陀世
尊，發露懺悔，當令我與法界眾生三業六根，
無始所作，現作當作，自作教他見聞隨喜，
若憶不憶，若識不識，若疑不疑，若覆若露，
一切重罪畢竟清淨。我懺已，六根三業淨無
瑕累，所修善根悉亦清，皆悉迴向莊嚴淨土，
普與眾生同生安養，願阿彌陀佛常來護持，
令我善根現前增進，不失淨因，臨命終時身
心正念，視聽分明，面奉彌陀與諸聖眾，手
執華臺接引於我，一剎那頃生在佛前，具菩
薩道，廣度眾生同成種智（大正四七、一四
六、c——一四七、a）。

　　至於後者之《往生淨土懺願儀》，則以十科解說之。此十科是㈠嚴淨道場㈡明方便法㈢明正修意㈣燒香散華㈤禮請法㈥讚歎法㈦禮佛法㈧懺願法㈨旋誦法㈩坐禪法（大正四七、四九一、a）。此中，「懺願法」之一明懺悔法裡，有如下敘述：

> 悔有事理，應須並運。事則竭其三業，不惜身命，流血雨淚，披露罪根，不敢覆諱。理則觀罪實相，能懺所懺皆悉寂滅，如餘文廣說。如事理已，當須等心普為一切懺悔。想云：我及眾生，無始常為三業六根重罪所障，不見諸佛不知出要，但順生死不知妙理。我今雖知，猶與一切眾生同為一切重罪所障，今對彌陀十方佛前，普為眾生歸命懺悔，唯願加護令障消滅（大正四七、四九三、b）。

　　由以上二文，可以知道慈雲遵式的彌陀淨土信仰中，含有濃厚的懺悔滅罪的思想。不過持有如此的信仰，不是慈雲遵式一人而已，慈照宗主子元（西元？ ——一六六年）也是一位「攝集大藏要言，編成蓮宗晨朝懺儀，代為法界眾生禮佛懺悔祈生安

養」❶的一代宗師。不過在這個時代裡，有關彌陀
淨土信仰的代表作之一的《往生淨土懺願儀》，告訴
我們彌陀淨土與懺悔滅罪兩股信仰的融合，在宋代
已是成了定型。

　　值得我們注目的，是上述懺悔滅罪的內容中談
到，就是造作了五逆，即五無間業及十惡等重罪的
人，也可懺悔。這在善導的《觀疏》中也談及「乃
身口意業所造十惡五逆四重謗法闡提等罪可懺悔」。
如此在彌陀淨土信仰中，認為犯了殺父、殺母、殺
阿羅漢、破和合僧、出佛身血等五逆十惡的人，得
以向佛菩薩至誠懺悔的思想，筆者認為那如前述(見
頁106)，是衍自《觀經》念佛滅罪的思想。不過此
思想如在頁56、63中也敘述過，是對下品下生，造
作過五逆十惡的人而開的方便，如此的往生對象，
與《無量壽經》卷上第十八願所云：

　　　　設我得佛，十方眾生至心信樂，欲生我國乃
　　　　至十念，若不生者不取正覺，唯除五逆，誹
　　　　謗正法(大正一二、二六八、上)。

──────────
❶　《廬山蓮宗寶鑑》卷四(大正四七、三二六、a)。

作比較的話,可以知道兩者都是針對罪惡深重的人,能在臨終時,具足十念念南無阿彌陀佛的話,也能往生。不同的是《無量壽經》排除造了五逆、誹謗正法(指大乘佛教的經典)的人,而《觀經》卻接納了犯五逆罪的人。總之,這是惡人亦得往生思想的來源。如此臨終者能念南無阿彌陀佛,是用來說明一個曾作惡多端的人,一旦能一念迴心向善的話,其人生尚有補救的機會,當然此迴心向善的心,也必然奠立在至誠懇切的懺悔態度,而此態度的產生,當然有它必備的因緣。依據《觀經》的話,是說因為遇到善知識,給與種種的無畏施,安慰他驅除他心中所面臨死亡的恐懼,並且為他說人生的真理,使他對以前所做的惡事,產生懇切的懺悔心,此時他黑暗的心靈露出明亮的曙光,渴仰阿彌陀佛的悲願,欣慕極樂世界的清淨莊嚴,而至誠念南無阿彌陀佛求願往生,如此具足十念即可往生。但是我們細思的話,能有如此的機緣的作惡之人,似是不多。古來就有不少專家,就此問題作探討,道綽在《安樂集》卷上云:

　　古來通論之家,多判此文云:臨終十念,但

得作往生因，未即得生。何以得知？論云
（《攝大乘論釋》）如以一金錢，貿得千金錢，
非一日即得（大正三一、三四六、b）。故知
十念成就者，但得作因，未即得生，故名別
時意語。如此解者，將為未然，何者？凡菩
薩作論釋經，皆欲遠扶佛意，契會聖情，若
有論文違經者，無有是處。今解別時意語者，
謂佛常途說法皆明先因後果，理數炳然。今
此經中但說一生造罪，臨命終時，十念成就
即得往生，不論過去有因無因者，直是世尊
引接當來造惡之徒，令其臨終，捨惡歸善，
乘念往生，是以隱其宿因，此是世尊，隱始
顯終，沒因談果，名作別時意語。何以得知？
但使十念成就，皆有過去因，如《涅槃經》
云：……明知十念成就者，皆有過去不虛，
若彼過去無因者，善知識尚不可逢遇，何況
十念而可成就也（大正四七、一〇、a、
b）。

由上文可知，道綽對當時一般所認為的十念成就，
只是往生之因的說法，不以為然。他認為一個平生

作惡多端的人，在臨命終時，能捨惡歸善，是有其宿世因緣的，也就是有其大善根因緣的。因此今生能成就十念相續的，是果不是因。同時十念成就，定得往生。此十念成就得以往生的認識，是《觀經》及《無量壽經》共有的教義，此教義受到道綽、善導的注目，由此敷衍出十念即是十聲念佛及臨終助念的信仰，影響後世至深且巨，直至今日仍受臺灣佛教徒的重視，往生助念團成為寺院與信徒間牽繫的橋樑，同時也影響寺院的經濟，值得我們注目。

第四章　十念與十聲念佛

對《觀經》與《無量壽經》中的「十念」，作何理解才符合經典的意義呢？古來即有多種的看法。道綽的看法如下：

> 問曰：既云重終十念之善，能傾一生惡業，得生淨土者，未知幾時為十念也。
>
> 答曰：如經說云：百一生滅成一剎那，六十剎那以為一念。此依經論，汎解念也。今時解念，不取此時節。但憶念阿彌陀佛，若總相若別相，隨所緣觀，逕於十念，無他念想間雜，是名十念。又云十念相續者，是聖者一數之名耳，但能積念凝思，不緣他事，使業道成辨（辦？），便罷不用，亦未勞記之頭數也（大正四七、一一、a）。

由上文道綽對十念所作的解釋，可以知道他不是以

時間的長短來計算十念,同時也不是以聲數來衡量。
不過他對十念相續,又有如下的看法:

> 經云:十念相續,似若不難。然諸凡夫心如
> 野馬,識劇猨猴,馳騁六塵,何曾停息? 各
> 須宜發信心,預自剋念,使積習成性,善根
> 堅固也。如佛告大王人積善行,死無惡念,
> 如樹先傾,倒必隨曲也。若刀風一至,百苦
> 湊身。若習先不在,懷念何可辨。各宜同志
> 三五預結言要,臨命終時,迭相開曉,為稱
> 彌陀名號,願生安樂國,聲聲相次,使成十
> 念也(大正四七、一一、b)。

由以上道綽的看法,他是主張臨命終時,由他
人以持名號出聲的方式,幫助臨命終人成就十念。
可見道綽一直未以時間或聲次來對十念作定義。對
此,善導則有不同的看法。在此筆者先將與此有關
的言論,列舉於下:

(一)論中說云:如人唯由發願生安樂土者,久
　　來通論之家不會論意,錯引下品下生十聲

稱佛，與此相似，未即得生。如一金錢得
成千者，多日乃得，非一日即得成千，十
聲稱佛，亦復如是（大正三七、二四九、
c）。

㈡今此《觀經》中十聲稱佛，即有十願十行
具足（大正三七、二五〇、a）。

㈢又如下品下生人，一生具造五逆極重之
罪，經歷地獄受苦無窮，罪人得病欲死，
遇善知識教稱彌陀佛名十聲，於聲聲中除
滅八十億劫生死重罪❶。

　　由以上諸文，可以證明將十念解作十聲念佛的，
是始自善導，而善導之作如此解釋，可能是依據前
述《觀經》中「善友告言：汝若不能念彼佛者，應
稱歸命無量壽佛，如是至心令聲不絕具足十念稱南
無阿彌陀佛，稱佛名故，於念念中除八十億劫生死
之罪。」之文。善導的如此解釋，影響到宋代王日休
（西元一一〇四—一一七三年）。王日休在他的《佛
說大阿彌陀經》裡，就將十念直接變為十聲，其經
文如下：

————————
❶　《觀念法門》（大正四七、二五、a）。

第二十九願我作佛時，十方無央數世界諸天
人民，至心信樂欲生我剎，十聲念我名號必
遂來生，惟除五逆誹謗正法，不得是願終不
作佛（大正一二、三二九、c）。

　　如此，很明顯地彌陀淨土教史上最早出爐的《無
量壽經》五存漢譯的糅合本的王日休《佛說大阿彌
陀經》第二十九願，就是《無量壽經》第十八願的
翻版，其中「十聲念我名號」，是繼承了善導「今此
《觀經》中，十聲稱佛」吧！至今臺灣佛教界，將
十念視為十聲的，似乎是不少，這也可說是《觀經》
思想的延伸，或是發展。

第五章　臨終助念

　　《觀經》的臨終十念成就，對日後信仰淨土法門的漢人，帶來了另一種信仰內容，這就是臨終助念。臨終助念的信仰，是基於臨命終時，須要正念現前，才能往生淨土的要求。這就如《佛說阿彌陀經》裡說的「若有善男子善女人聞說阿彌陀佛，執持名號，若一日若二日若三日若四日若五日若六日若七日，一心不亂，其人臨命終時，阿彌陀佛與諸聖眾現在其前，是人終時心不顛倒，即得往生阿彌陀佛極樂國土（大正一二、三四七、b）。」也是如道綽所說的「依《觀經》九品之內，皆言臨終正念，即得往生（大正四七、一六、c）」。

　　由於一個人的生命即將結束時，其所面臨的情境，常因個人平生行為的善惡而有不同。道綽曾就此，而作了如下的分析：

　　　又《智度論》云：一切眾生臨終之時，刀風

解形，死苦來逼，生大怖畏。是故遇善知識
發大勇猛，心心相續十念，即是增上善根便
得往生。又如有人對敵破陣，一形之力一時
盡用，其十念之善亦如是也。又若人臨終時
生一念邪見，增上惡心，即能傾三界之福，
即入惡道也（大正四七、一一、a）。

如上《智度論》，即《大智度論》云：「刀風斷
截人命」（大正二五、五四、a），一切苦痛將逼向前
來。據《正法念處經》卷六六的形容，當一個人一
口氣即將接不上來時，所面臨的情景如下：

彼以聞慧或以天眼見命終時，刀風皆動，皮
肉筋骨，脂髓精血，一切解截，令其乾燥，
氣閉不流，身既乾燥，苦惱而死，如千炎刀
而刺其身，十六分中猶不及一。若有善業，
垂死之時，刀風微動，不多苦惱，觀刀風已，
如實知身（大正一七、三九二、c）。

由此文可知，臨命終時的情景，是受各人生前
善惡業的影響，所感受的痛苦也就有輕重之別。不

過依前述（見頁124）道綽的看法，臨終的苦痛，可隨當事者心念的邪正而增減，再根據《觀經》念佛滅罪的思想，所以臨命終時，能心心相續，成就十念，願求往生淨土者一定可以往生。善導對此也說：

造罪之人障重，加以死苦來逼，善人雖說多經，飡（食之俗字）受之心浮散。由心散故，除罪稍輕。又佛名是一，即能攝散以住心，復教令正念稱名，由心重故，即能除罪多劫也（大正三七、二七六、b）。

上文是善導就《觀經》下品下生中，造作五逆十惡者能成就十念的話，可以滅罪的理由。此理由是遇善知識，使能正念，稱念佛的名號。而稱念佛的名號，比聽經功效還要大，是因為稱念佛號，尤其是專稱念一佛的名號，比較能夠攝受散亂的心，達到一心不亂，心不顛倒的境界。實際上根據經驗，一個人的身體苦痛，是可以用統一心識來減輕的。而統一心識的方法，當然有很多種，只是在淨土法門中，強調以稱念南無阿彌陀佛的方法來完成而已。

不過話說回來，在一個人面臨巨苦的挑戰時，能堅定意志稱念佛號，也不是一件容易做得到的事。更何況一個平生作惡的人，在生命即將結束時，能遇到善知識，產生對阿彌陀佛的信賴，稱念其名號，願往生其淨土，將是一件非常殊有的事。在因果論來說，如果不是有殊勝的宿世因緣，也就是大善根因緣的話，是不太可能有的事。因此事實上歷代祖師也都勸人修持淨土法門，絕對不可存有僥倖的想法，而疏忽平時的修持。道綽曾勸導說：

經云：十念相續，似若不難。然諸凡夫心如野馬，識劇猨猴，馳騁六塵，何曾停息？各須宜發信心，須自剋念，使積習成性，善根堅固也。如佛告大王人積善行，死無惡念，如樹先傾，倒必隨曲也。若刀風一至，百苦湊身。若習先不在，懷念何可辨。各宜同志三五預結言要，臨命終時，迭相開曉，為稱彌陀名號，願生安樂國，聲聲相次，使成十念也。譬如蠟印印泥，印壞文成，此命斷時，即是生安樂國時，一入正定聚，更何所憂，各宜量此大利何不須剋念也（大正四七、一

一、b)。

且善導也說：

> 復更至心要期七日，日別誦《阿彌陀經》十
> 遍，念阿彌陀佛三萬遍。初夜後夜觀想彼佛
> 國土莊嚴等相，誠心歸命一如上法（大正三
> 七、二七八、c）。

　　如上所述，道綽的「各宜同志三五預結言要，
臨命終時，選相開曉，為稱彌陀名號，願生安樂國，
聲聲相次，使成十念也。」與善導的「要期七日，日
別誦《阿彌陀經》十遍，念阿彌陀佛三萬遍」，是樹
立了後世打佛七的模式，也是臨終助念的起源。在
有死必有生的真理下，信仰淨土法門的人，認為臨
終助念，會影響一個即將死亡者生處的好壞，所以
非常重視臨終的助念，因此寺院也大都有助念團的
組織。雖然它是以在家信眾為中心的互助團體，但
因為它是生存於寺院的組織之下，所以它有聯繫寺
院與信徒的功能，也間接地提供寺院經濟的資源。

第六章　正行與雜行

如頁129所述，念佛滅罪常因當事者屆時心能專否而有不同，所以道綽建言：「須自剋念，使積習成性，善根堅固也。」在善導來說更是主張一門深入，在《觀疏》中他說：

然行有二種一者正行，二者雜行。言正行者，專依往生經行行者，是名正行。何者是也？一心專讀誦此《觀經》《彌陀經》《無量壽經》等，一心專注思想觀察憶念彼國二報莊嚴。若禮即一心專禮彼佛；若口稱即一心專稱彼佛；若讚歎供養即一心專讚歎供養，是名為正。又就此正中，復有二種：一者一心專念彌陀名號，行住坐臥不問時節久近，念念不捨者，是名正定之業，順彼佛願故。若依禮誦等，即名為助業。

除此正助二行已外，自餘諸善悉名雜行（大

正三七、二七二、a、b)。

　　對道綽將行門歸納為聖道門和淨土門，善導則是分為正行與雜行。善導認為正行者，是要一心專門讀誦《觀經》、《無量壽經》及《阿彌陀經》；依經觀想極樂世界阿彌陀佛及其眾生的依、正二報莊嚴；專一禮拜阿彌陀佛，稱念阿彌陀佛的名號。此正行，又分有正業和助業。正業者，是不論何時在何地，能念念不捨專心稱念阿彌陀佛的名號，至於誦經，即誦上述三經，也就是日後所謂的淨土三經；及禮佛，則是屬於助業，因那是幫助「一心執持彌陀名號」到心不顛倒，使一心不亂的境界能夠成就的緣故。除了上述正業助業以外的善行，都名之為雜行，也就是文中所說的「自餘諸善」。此「自餘諸善」，就是《阿彌陀經》裡說的「不可少善根福德因緣」；也就是《觀經》說的「三淨業」吧！《觀經》上說：

　　　　欲生彼國者，當修三福。一者孝養父母，奉事師長慈心不殺，修十善業；二者受持三歸具足眾戒，不犯威儀；三者發菩提心，深信因果，讀誦大乘，勸進行者。如此三事，名

為淨業。佛告韋提希，汝今知不？此三種業，
乃是過去、未來、現在，三世諸佛淨業正因
（大正一二、三四一、c）。

由此可知「三淨業」的內容，一是為孝養父母，
奉事師長，修十善業；二是受持盡形壽皈依佛、皈
依法、皈依僧，在家修行者還要守持五戒，出家僧
侶者要受具足戒，還得注意三千威儀的修養；三是
發道心、覺心，深信因果，讀誦大乘佛教經典，勸
勉人修行。此三淨業，是三世諸佛的淨業正因，依
順序善導將之命名為世俗善、戒善、行善（大正三
七、二七〇、b）。在經文中，告訴我們，有意願往
生極樂國者，應當修三福，不過此三福是否要具足
呢？依善導的說法，是這樣的：

又就此三福之中，或有一人單行世福，迴亦
得生；或有一人單行戒福，迴亦得生；或有
一人單行行福，迴亦得生；或有一人，行上
二福，迴亦得生；或有一人行下二福，迴亦
得生；或有一人具行三福，迴亦得生（大正
三七、二七〇、b）。

　　依善導上述的看法，三福未必定要具足，只要
具足其中的一福，作迴向，就能如願往生，由此也
可看出善導將三淨業視為雜行的表現，勿視經中強
調的淨業正因的說法。換句話說，他的修行觀是正
行重於雜行，這從「若修前正助二行，心常親近憶
念不斷，名為無間也。若行後雜行，即心常間斷，
雖可迴向得生，眾名疏雜之行也」（大正三七、二七
二、b）。他對正雜二行所作的比較，由此也可窺知。
但為什麼善導作如此的判斷呢？我想這與他主張淨
土教理凡夫論有密切的關係❶。由於善導是站在凡
夫的立場，也就是從一般庶民的立場來思考修行的
方式時，對庶民能接受的程度，是不能不去作考量
的。是故縱然經典上，談往生有種種的情況，但善
導還是強調正行中正業的重要性，這從如下文句，
可得證明。《觀疏》卷四云：

　　　　上來雖說定散兩門之益，望佛本願，意在眾
　　　　生一向專稱彌陀名號（大正三七、二七八、

---

❶　參考拙文〈淨土思想庶民化的影響〉（《慧嚴佛學論
　　文集》頁123-148，春暉出版社，一九九六、一○、
　　初版）。

a）。

此中所說定散兩門，即是指定善及散善，而定善者，指《觀經》中前十三觀；散善者，指後三觀，即所謂九品往生事。依善導的看法，阿彌陀佛雖發四十八願，但其本願應是在一心專念南無阿彌陀佛的修行上吧！因此他視念南無阿彌陀佛為正業，再以誦《阿彌陀經》等所謂的助業為輔，制定了一套淨土法門的宗教儀禮，如《法事讚》、《願往生禮讚偈》等。《法事讚》是以持誦《阿彌陀經》為中心，包含了繞佛、散花、唱讚歌、禮拜懺悔罪障、念佛等的宗教儀禮（大正四七、四二四、b－四三八、a）。此《法事讚》又云：

> 但以如來善巧總勸四生，棄此娑婆忻生極樂，專稱名號兼誦《彌陀經》，欲令識彼莊嚴，厭斯苦事。三因（心？）五念畢命為期，正助四修則剎那間，回斯功業，普備含靈，壽盡乘臺，齊臨彼國（大正四七、四二四、c）。

　　善導的淨土法門修持，其內容盡表示於上文。其中三因，或許是三心的錯誤。至於三心，即是至誠心、深心、迴向發願心。它們原是《觀經》上品上生者必具的條件（大正一二、三四四、c）。但善導解釋為：

> 如《觀經》說者，具三心必得往生，何等為三？一者至誠心，所謂身業禮拜彼佛，口業讚歎稱揚彼佛，意業專念觀察彼佛，凡起三業，必須真實，故名至誠心；二者深心，即是真實信心，信知自身是具足煩惱凡夫，善根薄少，流轉三界，不出火宅。今信知彌陀本弘誓願，及稱名號，下至十聲一聲等，定得往生，乃至一念無有疑心，故名深心；三者回向發願心，所作一切善根悉皆回願往生，故名回向發願心。具此三心必得生也（《往生禮讚偈》大正四七、四三八、c）。

　　其次談到五念，五念者，非他即世親《往生論》中說的五念門，善導加以闡釋云：

一者身業禮拜門，所謂一心專至恭敬合掌，香華供養，禮拜阿彌陀佛，禮即專禮彼佛，畢命為期，不雜餘禮，故名禮拜門；二者口業讚歎門，所謂專意讚歎彼佛身相光明，一切聖眾身相光明，及彼國中一切寶莊嚴光明等，故名讚歎門；三者意業憶念觀察門，所謂專意念觀彼佛，及一切聖眾身相光明國土莊嚴等，如《觀經》說，唯除睡時，恆憶恆念恆想恆觀此事等，故名觀察門；四者作願門，所謂專心，若晝若夜，一切時一切處，三業四威儀所作功德，不問初中後，皆須真實心中發願願生彼國，故名作願門；五者回向門，所謂專心，若自作善根及一切三乘五道一一聖凡等所作善根，深生隨喜，如諸佛菩薩所作隨喜，我亦如是隨喜。以此隨喜善根及已所作善根，皆悉與眾生共之回向彼國，故名回向門。又到彼國已，得六神通，回入生死，教化眾生，徹窮後際，心無厭足，乃至成佛，亦名回向門，五門既具定得往生（同上、四三八、c—四三九、a）。

至於正助四修者，善導解釋云：

又勤行四修法，用策三心五念之行，速得往
生。何者為四？一者恭敬修，所謂恭敬禮拜
彼佛及彼一切聖眾等，故名恭敬修。畢命為
期，誓不中止，即是長時修。二者無餘修，
所謂專稱彼佛名，專念專想專禮專讚彼佛及
一切聖眾等，不雜餘業，故名無餘修，畢命
為期，誓不中止，即是長時修。三者無間修，
所謂相續恭敬禮拜、稱名讚歎、憶念觀察、
回向發願，心心相續，不以餘業來間，故名
無間修。又不以貪瞋煩惱來間，隨犯隨懺，
不令隔念隔時隔日，常使清淨，亦名無間修。
畢命為期，誓不中止，即是長時修。又菩薩
已免生死，所作善法回求佛果，即是自利，
教化眾生盡未來際，即是利他。然今時眾生
悉為煩惱繫縛，未免惡道生死等苦，隨緣起
行，一切善根具速回願往生阿彌陀佛國，到
彼國已更無所畏，如上四修自然任運，自利
利他無不具足（同上、四三九、a）。

綜觀上述善導對三心、五念門、四修的解釋，可以知道善導的修行觀，是專注於阿彌陀佛的信仰上，從身體的禮拜；口上的稱念、讚歎、誦經；內心的憶念、發願迴向；其對象均不離阿彌陀佛，且是以終生為期，不可間斷。又令人注目的，是如下善導的專念阿彌陀佛名號的解釋。他在《往生禮讚偈》中云：

> 又如文殊般若云：明一行三昧，唯勸獨處空閑，捨諸亂意，係心一佛，不觀相貌，專稱名字，即於念中得見彼阿彌陀佛及一切佛等（大正四七、四三九、a）。

此段引文是出自《文殊師利所說摩訶般若波羅蜜經》卷下，其原文如下：

> 復有一行三昧，若善男子善女人修是三昧者，亦速得阿耨多羅三藐三菩提……善男子善女人欲入一行三昧，應處空閑捨諸亂意，不取相貌，繫心一佛專稱名字，隨佛方所端身正向，能於一佛念念相續，即是念中能見

過去未來現在諸佛（大正八、七三一、a、
b）。

如果將善導的引文與原文對照的話，可以發現
兩者最大的不同，是「即於念中得見彼阿彌陀佛及
一切佛等」與「即是念中能見過去未來現在諸佛」
的差異。由此顯然可以知道善導的用心，他將「能
見過去未來現在諸佛」改成「得見彼阿彌陀佛及一
切佛等」，就是在強調、突顯阿彌陀佛的存在。這和
他對三心、五念門、四修的主張，是一貫的。當然
如此的主張，是基於「乃由眾生障重，境細心麤，
識颺神飛，觀難成就也。是以大聖悲憐，直勸專稱
名字，正由稱名易故，相續即生」（大正四七、四三
九、a、b）的認識而來。根據經驗，稱念名號是比
觀想念佛容易著力，所以善導說：

　　若能如上念念相續，畢命為期者，十即十生，
　　百即百生。何以故？無外雜緣得正念故，與
　　佛本願得相應故，不違教故，隨順佛語故。
　　若欲捨專修雜業者，百時希得一二，千時希
　　得三五。何以故？乃由雜緣動亂失正念故，

與佛本願不相應故，與教相違故，不順佛語
故，係念不相續故，憶想間斷故，迴願不慇
重真實故，貪瞋諸見煩惱來間斷故，無有慚
愧懺悔心故（大正四七、四三九、b）。

如上述，善導所說的專、雜，當是指的正行與
雜行，而念念相續者，即是稱念阿彌陀佛名號，使
之不間斷，顯然地是正行中的正業。善導對正行的
強調，也曾說：

普勸眾生稱名禮拜相續不斷者，現世得無量
功德，命終之後定得往生（大正四七、四三
九、c）。

在此值得注目的，是善導說連續不斷地念佛、
拜佛者現世可得無量功德的說法。這是說，前述念
佛滅罪的信仰不止衍生出臨終助念的信仰，也影響
及現世利益信仰的誕生。

第七章　現世利益信仰的形成

在《往生禮讚偈》中，善導說：

如《無量壽經》說云：其有眾生遇斯光者，
三垢消滅，身意柔軟，歡喜踊躍，善心生焉。
若在三塗勤苦之處，見此光明，無復苦惱，
壽終之後，皆蒙解脫。無量壽佛光明顯赫照
耀十方，諸佛國土莫不聞焉。不但我今稱其
光明，一切諸佛聲聞緣覺諸菩薩眾，咸共歎
譽，亦復如是。若有眾生聞其光明威神功德
日夜稱說至心不斷者，隨其所願得生其國，
常為諸菩薩聲聞之眾所共歎譽稱其功德
（大正四七、四三九、c—四四〇、a）。

在「現世得無量功德，命終之後定得往生」的
句子中，它包含了現世及來世的利益在內。而依善
導所引的經證，是說在現世三垢，即貪瞋痴三毒得

以消滅，因此身心柔軟，有包容、體諒、容忍的歡喜心，善心自然出現，在此情況之下，縱然現處在三塗勤苦之處，也就是在極端惡劣的環境中，苦惱也會遠離你而去；壽命終了時，也能得到解脫，這也是含有現世及來世的利益。由此可知，來世的利益，主要是指得以往生極樂國，而現世利益，則是指吾人在現實生活中，能得到怎樣的利益而言。在《觀念法門》（具稱《觀念阿彌陀佛相海三昧功德法門》）中，善導說：

> 謹依釋迦佛教六部往生經等，顯明稱念阿彌陀佛願生淨土者，現生即得延年轉壽，不遭九橫三難（大正四七、二四、c）。

又說：

> 又如《觀經》下文，若有人至心常念阿彌陀佛及二菩薩觀音勢至，常與行人作勝友知識，隨逐影護，此亦是現生護念增上緣（同上書、二五、a）。

在上揭二文中，善導明確地舉出常念南無阿彌陀佛者，「現世即得延年轉壽，不遭九橫三難」及「現生護念」的現世利益。在善導對

> 佛勸一切眾生發菩提心，願生西方阿彌陀佛國，又勸造阿彌陀像，稱揚禮拜香華供養，日夜觀想不絕又勸專念彌陀佛名一萬二萬三萬五萬乃至十萬者，或勸誦《彌陀經》……乃至一百滿十萬遍者，現生得何功德？百年捨報已後有何利益？得生淨土以不？（同上書、二四、c）

的質問時，他作了如下的答覆：「現生及捨報決定有大功德利益。」而且又引證許多經典，顯明有五種增上利益因緣。此五種即是：

　㈠現世滅罪增上緣

　㈡現生護念得長命增上緣

　㈢見佛三昧增上緣

　㈣攝生增上緣

　㈤證生增上緣（同上書、二四、c）。

　此中，屬於念佛滅罪現世利益的部份，善導列

舉了如下的經證。

又如《觀經》下文，若有人至心常念阿彌陀佛及二菩薩，觀音勢至常與行人作勝友知識，隨逐影護，此亦是現世護念增上緣（大正四七、二五、a）。

又如第九真身觀說云：……但有專念阿彌陀佛眾生，彼佛心光常照是人，攝護不捨，總不論照攝餘雜業行者，此亦是現生護念增上緣（同上書、二五、b）。

又如《十往生經》說：佛告山海慧菩薩及以阿難，若有人專念西方阿彌陀佛願往生者，我從今已去，常使二十五菩薩影護行者，不令惡鬼惡神惱亂行者，日夜常得安穩，此亦是現生護念增上緣（同上）。

又如《彌陀經》說：若有男子女人，七日七夜及盡一生一心專念阿彌陀佛願往生者，此人常得六方恆河沙等佛共來護念，故名護念

經。護念經意者，亦不令諸惡鬼神得便，亦無橫病橫死橫有厄難，一切災障自然消散，除不至心，此亦是現生護念增上緣（同上）。

又如《般舟三昧經》行品中說云：佛告跋陀和，若有人七日七夜在道場內，捨諸緣事除去睡臥，一心專念阿彌陀佛真金色身，或一日三日七日，或二七日、五六七七日，或至百日，或盡一生，至心觀佛及口稱心念者，佛即攝受。既蒙攝受，定知罪滅得生淨土。佛言：若人專行此念佛三昧者，常得一切諸天及四天大王龍神八部隨逐影護，愛樂相見，永無諸惡鬼神災障厄難橫加惱亂，具如護持品中說，此亦是現世護念增上緣（同上）。

又白諸行者：但欲今生日夜相續專念彌陀佛，專誦《彌陀經》，稱揚禮讚淨土聖眾莊嚴願生者，，……日別念彌陀佛一萬畢命相續者，即蒙彌陀加念，得除罪障，又蒙佛與聖眾常來護念，既蒙護念，即得延年轉壽長

命安樂，因緣一一具如譬喻經、惟無三昧經、淨度三昧經等說，此亦是現生護念增上緣（同上書、二五、c）。

又善導在《法事讚》（具稱《轉經行道願往生淨土法事讚》）中亦說：

各誦《彌陀經》，爾許萬遍，念彌陀名，爾許萬遍……當今施主及同行諸人法界眾生，從今已去，天神影衛萬善扶持，福命休強離諸憂惱，六方諸佛護念信心，淨土彌陀慈心攝受，又願觀音聖眾駱驛往來，念念無遺遙加普備，春秋冬夏四大常安，罪滅福成迴生淨土，又願臨終無病正念堅強，聖眾來迎華臺普集，彌陀光照菩薩扶身，化佛齊心同聲等讚，乘臺一念即至西方，見佛尊顏悟無生忍（大正四七、四三七、c—四三八、a）。

又在《往生禮讚偈》中云：

問曰：稱念禮觀阿彌陀佛，現世有何功德利益？

答曰：若稱阿彌陀佛一聲，即能除滅八十億劫生死重罪，禮念已下亦如是。《十往生經》云：若有眾生念阿彌陀佛願往生者，彼佛即遣二十五菩薩擁護行者若行若坐，若住若臥，若晝若夜，一切時一切處，不令惡鬼惡神得其便也。又如《觀經》云：若稱禮念阿彌陀佛願往生彼國者，彼佛即遣無數化佛無數化觀音勢至菩薩護念行者，復與前二十五菩薩等，百重千重圍遶行者，不問行住坐臥一切時處，若晝若夜常不離行者，今既有斯勝益可憑，願諸行者各須至心求往（大正四七、四四七、c）。

　　為了解以上善導因現世利益所引的經證，是否與原經文有相異之處的緣故，今先將相關經文列之於下：

《觀經》：
若善男子及善女人但聞佛名二菩薩名，除無

量劫生死之罪，何況憶念。若念佛者，當知
此人即是人中芬陀利花，觀世音菩薩大勢至
菩薩為勝友，當坐道場，生諸佛家（大正一
二、三四六、b）。

次當更觀無量壽佛身相光明……念佛眾
生，攝取不捨（三四三、b）。

《十往生經》（具稱《十往生阿彌陀佛國經》）
云：若有如是等人，我從今日常使二十五菩
薩，護持是人，常令是人無病無惱，若人若
非人不得其便，行住坐臥，無問晝夜，常得
安穩（卍續藏八七、二九二左—二九三右）。

《佛說阿彌陀經》：
何故名為一切諸佛所護念經？舍利弗若有善
男子善女人聞是經受持者，及聞諸佛名者，
是諸善男子善女人皆為一切諸佛之所護念，
皆得不退轉於阿耨多羅三藐三菩提（大正一
二、三四八、a）。

　　如將以上《觀經》、《十往生經》及《阿彌陀經》的原文與善導所引證的部份作對照看的話，可以發現善導所引經證中，如《阿彌陀經》的詮釋部份「護念經意者，亦不令諸惡鬼神得便，亦無橫病橫死橫有厄難，一切災障自然消散，除不至心」，《觀經》的「隨逐影護」，都顯示了善導的彌陀淨土信仰中，所強調的現世利益。這或許是因為善導生長在一個重視宗教現世利益的文化土壤上，加上《觀經》念佛滅罪思想的闡揚，遂使現世、來生利益的結合，成為中國人彌陀淨土信仰的特色。如此特色的信仰，起源於善導，定型於宋朝❶，流傳至今日的臺灣。

　　以上就懺悔滅罪、十念與十聲念佛、臨終助念、正行與雜行、現世利益等自《觀經》的思想，所衍生出的信仰來敘述，而其信仰的揭示者是經曇鸞、道綽至善導，由此可說中國彌陀淨土教的集大成者是善導，且令人注目的是如此的信仰型態，就是在今日，它仍存在於臺灣、日本這兩個國家的社會裡。

---

❶　參考拙文〈無量壽經糅合本の研究㈠——王日休の「佛說大阿彌陀經」——〉（《鷹陵史學》第十五號，一九八九、九、三〇）。

結　論

　　如上所述，淨土的思想起源於印度，而其宗教
信仰成形於中國的隋唐時代，直至今日乃存在於臺
灣、日本等的國家，其思想源自人類為追求一個理
想的世界。由於人類現實的社會，充滿了不安恐懼、
矛盾衝突，任憑誰都難逃生老病死憂悲苦惱、求不
得、愛別離、怨憎會等痛苦的煎熬，也無論在何時
何地，天災人禍都將侵襲著人類。為此自古以來人
類就不斷在尋求一個不需要武力即能達到的和平世
界，人類能安心立命的理想國。印度人古老的夜摩
天、北俱盧洲、原始佛教的往生欲界六天、大乘佛
教時代的淨佛國土，都是人類追求理想國的典型。
而如此的世界，似乎都是設立在來世才能實現，彌
陀淨土是衍自淨佛國土的思想，當然也是屬於來世
利益的宗教信仰。不過來世才能獲得實現的世界，
必須依靠人類在現世勤於耕耘播種。如往生欲界六
天，必須在現世受持有漏的五戒十善才能達到。往

生彌陀淨土也不例外，持五戒修十善、受八關齋戒、
殖諸德本、讀誦大乘佛教經典，至心迴向、願生彼
安樂國土。在此值得注意的，是它強調要讀誦大乘
佛教經典，就連法藏比丘的第十八願中，也排除「毀
謗正法」者。此中所云的「正法」，無疑就是指大乘
佛教的經典。這說明了彌陀淨土，是屬於大乘佛教
時代的產物。又至心迴向，是在磨練信仰者，捨去
對所作功德執著的心態，也就是能從「緣生無性」、
「緣起性空」的體認上，來解脫自己，將止惡行善
視為當然爾，這也是般若中觀、菩薩道思想的一環。
但這些思想對一般人來說，尤其是在所謂「刑不上
大夫，禮不下庶民」的中國文化土壤上，也就是說
教育尚未能普及一般庶民層的中國社會裡，要將彌
陀淨土的信仰推向一般庶民的世界，畢竟是很難的。
道綽、善導兩位大師大概也洞悉如此的時空環境，
因此在他們主張的宗教行為上，特別強調專稱「南
無阿彌陀佛」的名號。當然持念佛名號的行為，是
取自「聞我名號」，即法藏比丘的第十九、二十兩願，
而可達到第十八願「十念」成就的要求。此三願，
是法藏比丘為想往生極樂世界的人所發的願。善導
基於此，視稱念「南無阿彌陀佛」為正行中的正業，

如果行者尚有餘力，則可作身禮阿彌陀佛，口誦《阿彌陀經》的助業，再有餘力的話，可修持五戒十善、八關齋戒等的雜行。如此的宗教修持，成為日後信仰彌陀淨土者的行為標準，其影響之深遠，也就不難想像到了宋朝，善導會被視為彌陀的化身的原因了，同時吾人在了解中國彌陀淨土教時，也不可忽視善導所提出的「凡夫論」及「指方立相」的影響力，也就是說對彌陀淨土教如何在中國落實，不可不對道綽、善導的彌陀淨土思想作徹底的了解。

現代佛學叢書

為你介紹佛學常識，探討今日佛學的新意義

禪宗六變

顧偉康 著

本書將禪宗史分為達摩禪、東山禪、曹溪禪、南禪、宋元明清禪和當代禪六個階段，系統地描述了這「禪宗六變」的沿革，並力圖從禪宗發展的內在來探索其演化的理由。本書的最大特色，在對禪宗史上大量偽託的故事、著作的考證和「還原」，對禪宗史的追溯和詮釋，更迥異於以往的禪史成說。

禪淨合一流略

顧偉康 著

禪宗和淨土宗，由合而分、由分而合，幾乎可以涵蓋二千年中國佛教史的主流。本書從淨禪兩宗的共同出發點開始，從各自立宗到合流互補，分成六期，一一道來。除了分析其合分、分合的過程和依據外，對禪淨合一史上的重點人物和事件，都有翔實的闡述。

佛教史料學

藍吉富 著

面對難以數計的佛教文獻，一個佛教研究者該如何入門？如何應用？本書是專為佛教研究者所設計的史料學專書，先將各種常見的大藏經作實用性的分析，然後分別論述印度、中國（含西藏）等系佛教文獻的內容及特質；最後以實例說明佛典翻譯、版本、偽經與遺跡等項在佛教研究過程中的重要性。

現代佛學叢書

為你介紹佛學常識，探討今日佛學的新意義

臺灣佛教與現代社會　江燦騰 著

　　作者以深入淺出的筆法，介紹臺灣佛教在現代社會中的變遷與適應，以及各種相關的佛教人物所扮演的角色。全書共分三輯：第一輯是佛教人物與社會變遷；第二輯是佛教信仰與文學創作；第三輯是佛教思想與現代社會生活，讓讀者接觸到當代臺灣佛教富饒的思想內涵，是兼顧知識性和趣味性的最佳佛教讀物。

菩提道上的善女人　釋恆清 著

　　二千多年來的佛教史中，佛教婦女的努力和成就令人刮目相看，而近年來臺灣佛教蓬勃發展，佛教婦女扮演了舉足輕重的角色，更是有目共睹的事實。本書探究佛教的傑出善女人在男尊女卑的社會意識形態下如何力爭上游，克服百般障礙，發揮慈悲和智慧的特質，最後達到解脫自在。

人間佛教的播種者　釋昭慧 著

　　本書是被譽為「玄奘以來不作第二人想」的一代高僧印順長老之傳記。長老畢生專力研究佛法，好學深思，睿智過人，發表質精而量多的論文著作，常獨發人之所未議；其思想一以貫之，不外乎是「人間佛教」四字。時至今日，推展「人間佛教」已是佛教界大多數人的共識，長老可謂是踽踽獨行的先知。

現代佛學叢書

為你介紹佛學常識，探討今日佛學的新意義

慈 悲

中村元 著
江支地 譯

　　本書以佛教觀念「慈悲」為中心，探討慈悲的歷史發展、行動性格等相關問題。視野廣闊，沒有時空、宗派限制及冗長的個人「說法」，是一部佛學的研究者、佛教徒研究「慈悲」觀念的好書。

佛學新視野

周慶華 著

　　本書旨在指出「對治現代化」是再度開展佛學研究最有遠景的取向。書中各章，有的直接表露佛教對治現代化可以最見力道，有的先強化佛教本身的「功能」而間接導向對治現代化的道路，充分顯示作者對佛教未來發展的期望，而總題為「佛學新視野」。

道教與佛教

蕭登福 著

　　本書於道教對佛教的各種影響均加以論述：在哲理方面，如道教太極圖被唐代的宗密拿來解釋佛教唯識學、清代的行策用來說明禪宗的曹洞宗，甚至唐代禪宗的明心見性、頓悟成佛等，也都與老莊的思想有關；在儀軌及習俗方面，道教的符印、星斗崇拜、安宅、葬埋等，也都曾對佛經有所影響，常被佛經所襲用。

現代佛學叢書

為你介紹佛學常識，探討今日佛學的新意義

宋儒與佛教

蔣義斌 著

本書由山林佛教的建立，討論宋儒在山林間講學、建立書院的現象；從佛教與宋儒賦予蓮花、芭蕉的意合，說明宋儒受到佛教影響，而又不同於佛教的複雜情況；並比較佛教的「大雄」、「大丈夫」與二程的「豪雄觀」，展現儒佛理想人格的差異，呈現出宋儒與佛教對話的「錯綜複雜」關係。

唐代詩歌與禪學

蕭麗華 著

本書選取中國文學精華代表的唐詩，配合禪宗發展的歷史，分析詩歌與禪學交互作用下的唐代文學面貌。全書以詩禪交涉為主要路線，以重要禪法及重要詩人如王維、白居易等為觀察重點，並分別突顯唐詩在禪學影響下的多層側影，特別是宴坐文化、維摩信仰、宦隱朝隱觀念及以禪入詩、以詩示禪或以禪喻詩等問題。

禪與美國文學

陳元音 著

美國文學中有禪嗎？美國有禪文學嗎？本書提供了嶄新且有學術根據的答案，所涉獵的作家有愛默生、梭羅、惠特曼、霍桑、梅爾維爾、馬克吐溫、海明威，以及近代禪文學作家如史耐德、與沙林傑等人。採「以觀釋經」觀照實相之法解讀美國文學與禪學之間的因緣，是本書絕無僅有的特色，相當值得一讀。